# 인조인간 프로젝트

근대 광고의 풍경

# 인조인간 프로젝트

근대 광고의 풍경

한국근현대생활사큰사전

초판 1쇄 인쇄 2020년 6월 5일
초판 1쇄 발행 2020년 6월 10일

지은이     권창규
펴낸이     이영선
책임편집   김종훈

편집      김선정 김문정 김종훈 이민재 김영아 김연수 이현정 차소영
디자인    김회량 이보아
독자본부   김일신 김진규 정혜영 박정래 손미경 김동욱

펴낸곳 서해문집 | 출판등록 1989년 3월 16일(제406-2005-000047호)
주소 경기도 파주시 광인사길 217(파주출판도시)
전화 (031)955-7470 | 팩스 (031)955-7469
홈페이지 www.booksea.co.kr | 이메일 shmj21@hanmail.net

ⓒ 권창규, 2020
ISBN  978-89-7483-407-4  03910

이 도서의 국립중앙도서관 출판예정도서목록(CIP)은 서지정보유통지원시스템 홈페이지(http://
seoji.nl.go.kr)와 국가자료공동목록시스템(http://www.nl.go.kr/kolisnet)에서 이용하실 수
있습니다.(CIP제어번호: CIP2020021055)

# 인조인간 프로젝트

## 근대 광고의 풍경

권창규 지음

서해문집

**일러두기**

- 인용한 자료는 현대어로 바꾸고 필요한 경우 괄호 안에 설명을 넣었다. 강조 표시는 필자가 한 것이다.
- 본문에 사용한 문장 부호는 다음과 같다.
  《 》: 전집, 총서, 단행본, 신문, 잡지, 학위논문 등
  〈 〉: 단행본에 수록된 개별 작품, 기사, 소논문 등

서문
:

# 옛 광고를 보는
# 까닭

'광고는 물이고 우리는 물고기다'라는 말이 실감 나는 요즈음이다. 어디를 가나 광고의 홍수다. 집 밖을 나서기만 해도 무수한 광고와 마주치고, 가만히 있어도 각종 통신 기기 속에 펼쳐지는 광고와 만난다. 현대를 살아가면서 광고를 피할 도리는 없다. 광고는 흔히 자본주의의 꽃이요, 자본주의 최고의 예술 형식이라고 불린다. 짧은 광고 안에 담긴 자본과 기술은 화려하게 번쩍거리며 우리의 눈과 귀로 파고든다.

한국 광고의 역사는 흔히 1970년대로 거슬러 올라가는 경우가 많다. 산업경제와 소비경제가 성장하던 시기에 광고도 활발해지기 시작한다. 하지만 한국 경제사의 출발을 불과 50여 년 전으로 볼 수 없듯이 광고도 마찬가지다. 광고의 뿌리도 좀 더 거슬러 가야 한다. 이 책에서 살펴려는 광고는 지금으로부터 100여 년 전의 것이다. 민간 신문이 처음 나왔던 1890년대 후반부터 1945년 해방 전까지 생산됐던 근대 광고가 논의의 대상이며, 특히 광고가 많이 나왔던 1920~1930년대의 것을 많이 다루었다.

나는 광고학자도 아니고 광고사가도 아니다. 요즘 광고 연구라 하면 '어떻게 하면 팔리는 광고를 만들까'에 집중하는 마케팅 논의가 절대 다수다. 어느 학문 분야를 가도 역사적, 철학적 논의는 홀대받고 돈 되는 연구가 주목받는 사정은 매한가지라 광고 분야에서도 역사적, 비판사회학적 논의는 영 소홀하다. 하지만 옛 광고를 살피는 나는 광고사를 복원하겠다는 의도를 갖고 있지 않으며, 더군다나 광고 연구를 업으로 삼은 학자도 아니다(혹 광고사에 관심이 있는 독자라면 신인섭·서범석의《한국 광고사》를 참고하시라). 나는 광고를 자본주의 예술로 보고 광고 예술에 대한 사회문화적 분석을 통해 궁극적으로는 오늘날 소비인간으로 살아가는 우리네 현주소를 들여다보는 데 관심이 있다.

광고는 소비를 설득하는 예술이다. 소비 행위는 가볍고 쾌락적이어서 먹고살기 위해 노동하는 일에 비해 부수적으로 여겨질는지 모른다. 하지만 소비하는 인간은 곧 생산하는 인간이다. 소비하지 않으면 생산이 이어질 수 없으므로 생산물은 계속 소비될 수 있어야 한다. 생산과 소비는 자본주의 경제의 두 축으로, 생산노동만큼이나 소비 행위는 일종의 노동 행위처럼 관리되고 훈육되면서 현대의 소비 스펙터클을 형성해왔다.

이 책에서 살피려는 옛 광고가 흥미로운 까닭은 생산하는 인간이자 소비하는 인간이 새로운 근대적 인간형으로 강력하게 떠올랐던 시대에 광고가 직접 소비를 권장하고 훈육하는 문화 제도의 기능을 했기 때문이다. 일제강점기 우리 사회는 인구 대다수가 농촌에 거주하던 농촌사회이자 소비에 대한 훈육과 훈련이 시작된 소비사회였다. 당시 '문명화', '문화화'라는 근대적 기치가 높았던 상황에서 문명화와 문화화의 정체는 자본주의적 생산과 소비에 적합한 신체와 감각, 의식으로의 개조 과정을 가리켰다. 식민지였던 한반도에서도 문명화, 문화화에 대한 요구가 컸으며 다양한 근대 담론이 전개됐다. 근대적 가치를 설득하고 유통했던 다양한 문화 예술 가운데 광고의 발화 방식은 선명하고 뻔뻔한데, 결국 '이 물건을 사라'에 초점이 맞춰져 있기 때문이다.

근대 광고의 궁극적 목표는 사람을 소비인간으로 '인조'해내는 데 있었다. 생산하고 남은 물자를 내다팔거나 소규모로 생산과 소비가 이루어졌던 전통사회에서 사람은 소비하는 인간이 아니었고, 생산하는 인간도 아니었다. 물론 생산과 소비는 인류 역사를 구성해온 기본 활동이지만, 근대에 들어 화폐를 중심 축으로 하는 행위로 변모했다. 생산은 화폐를 벌기 위한 활동으로, 소비는 화폐가 있어야 가능한 활동으로 바뀌면서 인간은 물품을 생산자로서 대면할 수 없는 존재인 소비자로 바뀌어갔다.

'돈으로 살 수 없는 것들'이 없다고 할 만큼 만물의 상품화가 이루어진 21세기에 우리는 자본주의적 노동과 소비의 감각에 무뎌져 있지만, 사실상 그 역사는 100여 년을 헤아릴 뿐이다. 따라서 지금의 자본주의적 감각을 낯설게 대상화하여 성찰할 필요가 있으며 광고라는 소비주의의 예술 형식은 그 길라잡이가 되기에 충분하리라 본다. 옛 광고 탐험에 함께하는 독자들께 인사드린다.

# 옛 광고,
# 매체의 물주이자
# 자본주의 제도

> "요사이 우리의 눈을 현혹하게 하는 신문, 잡지의 광고는
> 참으로 근대 자본주의가 만들어낸 반갑지 않은 아들"
> — 〈엉터리 광고 이야기〉, 《동아일보》 1933년 9월 9일 자

## 오늘날과 같았던 광고의 홍수

이 책에서 주로 살피려는 광고는 민간 신문이 처음 나왔던 1890년대 후반부터 1945년 이전까지 나온 인쇄 광고, 즉 신문과 잡지에 실렸던 광고다. 신문과 잡지는 당시 첨단의 매스미디어였으니까 오늘날로 치면 인터넷 플랫폼을 떠올리면 되겠다. 당시 사람들은 광고라고 하면 간판 같은 옥외 광고나 전단지, 포스터를 일컬었지만 자료가 많이 남아 있지 않다. 그렇다면 자료를 확인할 수 있는 신문과 잡지는 어떤가? 광고가 많이 실렸을까? 많지도 않은 광고를 일부러 들추어내어 논하는 일은 연구자의 편벽한 취미밖에 되지 않을 것인데, 실제로 광고는 참말로 많았다.

먼저 당시 사람들이 광고라 하면 떠올렸던 옥외 광고부터 살펴보자. 서울에 광고지가 난무해서 골칫거리라는 말이 1910년대 후반부터

나온다. "근래에 경성(서울) 시가같이 광고를 함부로 붙이는 곳은 다시 없을 것이다." "시가 체면을 오손(汚損)하는 추악한 광고지는 더욱 증가"하고 있었다. "누구든지 종로 거리를 돌아보면 '삿뽀로 비루(삿포로 맥주)' 혹은 '기린 비루(기린 맥주)'라고 대서(大書)한 음식점 혹은 식료품점 간판을 무수히 볼 수 있을 것이다."¹ 종로 상점이 삿포로나 기린 맥주 회사에서 협찬한 간판을 내걸고 장사하던 풍경은 흔했다. 서울을 비롯해 평양, 부산 같은 대도시의 시가지를 중심으로 옥외 광고는 판을 쳤다. 이태준의 자전적 단편소설 〈장마〉(1937)에는 "나는 굳이 버스의 뒤를 보지 않으려, 그 얄미운 버스 뒤에다 광고를 낸 어떤 상품의 이름 하나를 기억해야 할 의무를 가지지 않으려 다른 데로 눈을 피한다"² 라는 구절이 나온다. 광고를 피할 도리 없는 도시인의 넋두리다.

신문과 잡지의 사정도 다르지 않았는데, 동아일보사와 조선일보사 홈페이지에서 제공하는 당시 신문 자료를 보면 쉽게 확인할 수 있다. "기사 반, 광고 절반"에 "광고가 3분의 2쯤이나 되어 보이는 조간"이라는 말은 과장이 아니다. "요사이 우리의 눈을 현혹하게 하는 신문, 잡지의 광고는 근대 자본주의가 만들어낸 반갑지 않은 아들"이며, "요금만 받으면 그만이라는 뜻인지, 독자로 하여금 사기의 그물(詐網)에 걸리게 하는 광고, 추악하고 불쾌한 감을 주는 광고가 일일이 많아가는 현상"이라는 개탄의 소리가 나왔다.³

## 광고는 신문의 물주

19세기 후반 민간 신문과 잡지의 시대가 시작되면서 광고가 많이 실렸던 이유는 오늘날과 다르지 않다. 광고 수입 때문이다. 디지털 매체 시대로 접어들기 이전인 1990년대까지 종이 신문 시대에는 구독(구입)과 광고가 신문사 수입의 중심을 이루면서 광고 수익이 보통 총 수익의 60퍼센트를 넘었다. 일제강점기를 보면 동아일보사의 경우 광고 수익이 40퍼센트 안팎을 차지했다.[4] 구독료를 포함한 신문 판매 대금과 함께 광고 수익은 신문사의 주요 수입원이었다. 신문의 발행 부수를 늘리고 구독료를 징수하는 일은 쉽지 않았으므로 신문사는 광고를 유치하는 데 경쟁적으로 매달렸다.

　종이 신문 시대든, 전자 매체 시대든 광고 수주 경쟁은 낯설지 않지만, 일제강점기에 나타난 광고 경쟁은 주목할 만한 변화였다. 왜냐하면 1896년《독립신문》에서 시작된 길지 않은 민간 신문의 역사에서 볼때, 신문사는 대지주나 자본가가 사회적 명망을 얻고자 경영하는 경우가 대부분이었기 때문이다. 신문사 운영을 두고 "돈 있고 할 일 없는 사람은 해볼 일"이라든가, "민족과 사회를 위해 양성하는 한 개의 소비사업"이라고 한 말은 이런 맥락에서 이해할 수 있다.[5] 특히 애국계몽기로 명명되는 1890년대 후반부터 1900년대 초반까지 신문이라는 근대 매체는 애국과 계몽의 민족주의적 매체로 여겨지던 터였다.

　하지만 신문은 변모하기 시작한다. 1930년대가 되면 신문사는 "정치적 지향을 가진 지식 분자의 진영으로 자처하던 것"이 "영리 기관의 사무인을 모아놓은 곳"으로 변모했다는 개탄이 나온다.[6] 광고 수주 경쟁이 치열해진 것도 이 시기다. 신문사가 수익을 우선하는 주식회사 경영 체제로 바뀌면서 광고량도 급등한 것이다. 한글 민간 신문사는 1930년대에 들어서면서 비교적 큰 자본금을 지닌 주식회사 체제로 정비한다. 동아일보사, 조선일보사, 조선중앙일보사가 각각 1921, 1933, 1934년에 주식회사 체제로 변모했으며,[7] 그중에서도 조선일보사는 금광으로 부자가 된 방응모가 인수해 그 자본부터가 최대 규모로 꼽혔다.

일본어로 된 신문뿐 아니라 한글 신문에도 일본 상품을 선전하는 광고가 많이 실렸다. 식민지 시장에서는 일본제 상품이 강세인 데다 일본인 광고주 가운데 규모 있는 물주가 많았기 때문이다. 광고의 가짓수를 따지면 사정이 달라지지만, 신문 지면을 차지하는 비율을 따지자면 일본 광고가 압도적으로 많았다. 한글 신문에는 일본 상품 광고를 한글로 번역하고 도안도 현지화해 싣는 경우가 많았다. 예를 들어 일본어 문안은 한글로 옮겨지고 기모노 입은 여성 그림은 한복 입은 여성으로 바뀌어 게재됐다. 당대의 광고 도안가와 문안가 혹은 일본 문안을 한글로 번역했던 인력에는 유명 작가와 문인의 이름이 오르내린다. 소설《추월색》(1912)의 작가 최찬식을 비롯해 김동환, 박계주, 조용만, 방인근, 오장환 등이 그들이다.[8]

신문 지면을 대규모로 구입했던 큰 광고주로 일본 회사가 많았다는 사실은 식민지의 상황을 말해준다. 마치 대한제국 시기에 발간됐던 신문의 광고 지면이 미국과 영국, 프랑스, 일본 회사 등의 비중이 압도적이어서 열강의 침투상을 고스란히 반영했던 상황과 닮아 있다. 한반도가 일본의 식민지가 되고 1910년대에 접어들면 도쿄와 오사카가 광고 시장의 중심지로 떠오른다. 식민지 조선의 신문과 잡지 광고에는

문안과 도안이 현지화된 사례. 일본 화장품 구라부 광고로,
위는 일본어 신문인 《경성일보》,
아래는 《동아일보》에 실렸다. 둘 다 1925년 8월 5일 자 광고다.

일본제 제품이나 일본을 거쳐 수입된 서구 물품이 많이 등장했다.

매체의 가치에 따라 광고 단가가 매겨지므로 당시 한글 민간 신문은 일본인 광고대행사와 광고주에게 '봉'으로 여겨졌을 확률이 높다. 오늘날 세계적인 광고대행사로 성장한 덴쓰(電通)는 당시부터 조선에 진출해 유력한 광고대행사 겸 뉴스 통신사 역할을 했는데, 덴쓰가 중간 이윤을 너무 많이 챙겼다는 당시 광고계 인사의 증언도 남아 있다.[9] 당시 광고란을 장식했던 일본 상품 중에는 오늘날까지 건재한 것이 많다. 조미료 아지노모도(味の素), 모리나가(森永) 캐러멜, 구강 청결제 인단(仁丹), 안약 대학목약(大學目藥), 영양제 에비오스(エビオス), 여성 강장제 중장탕(中將湯), 영양제 와카모토(わかもと), 라이온(ライオン) 치약, 가오(花王) 비누, 시세이도(資生堂) 화장품, 구라부(クラブ) 크림, 마스타(マスタ) 크림, 오리지나루(オリヂナル) 향수 등이 그것이다.

그 밖에 오늘날 세계적 브랜드로 성장한 미국의 포드와 제너럴모터스 자동차, 싱거 재봉틀, 프랑스의 코티 백분도 광고란에 등장했다. 눈에 띄는 조선인 광고주로는 유한양행, 동화약방을 비롯해서 박가분, 조고약, 화신백화점, 경성방직, 제생당, 화평당 등을 꼽을 수 있다.

한글 신문에 일본 상품 광고가 빼곡했던 것을 두고는 개탄의 목소리가 높았다. 신문은 '한 손에 조선 민족을 들고 한 손에 도쿄, 오사카의 상품을 들고 있다'며 비판받았다. "신문지의 판매를 위해서는 조선 민족을 팔아야겠고, 광고의 수입을 위해서는 도쿄, 오사카 등지의 상품을 팔아야 하는 것이 조선 신문계의 딜레마"[10]라고 했다. 일제강점기 한글 신문에 실린 일본 광고 문제는 민족주의와 상업주의의 갈등을 보여주고 있으며 본질적으로는 자본과 매체의 결탁이라는 쉽지 않은 문제를 일러주고 있다.

신문과 잡지에 일본 상품 광고가 많았던 현상은 상공업 시장에서 조선인이 밀려났던 식민지의 상황이 작용한 결과였지만, 다른 사정도 있었다. 많은 조선인들은 돈을 들여 광고한다는 발상에 익숙하지 않았으며 경비를 허비하면서까지 스스로를 내세우는 일에 거부감이 컸다. 전통적으로 스스로를 앞세우지 않는 것이 미덕이었던 데다가[11] 상공업 천시의 풍조는 예로부터 뿌리가 깊었다. 장사를 한몫 잡기 정도로 여기는 사람도 많았다. 일정한 자본을 투자해 서비스를 개선하고 지속적인 이윤을 꾀하는 자본주의적 경영 방식은 많은 조선인들에게 낯선 것이었다.

하지만 조선인 상공업자들은 점차 광고의 힘을 체감하게 된다. "선전을 하지 않는 놈은 팔리지 않아서 손해를 똑똑히 보며 쩔쩔매는 판이나, 깨어진 토기라도 선전 여하로 인하여 불이야, 불이야 눈부시게 팔리고 보니 선전밖에 별수가 있지 아니할 것이다."[12] 이는 시인 김억이 1920년대에 신문 사설에서 했던 말이다. '깨어진 토기'라도 광고를 잘하면 '불이야, 불이야 눈부시게 팔린다'고 하니 물건을 잘 만드는 일 이상으로 광고를 잘하는 일이 중요하게 여겨지기 시작했다.

## 소비자 만들기라는 광고의 임무

예로부터 상품은 거래됐고 시장도 열렸다. 하지만 근대적 상품과 상품이 거래되는 시장은 이전과 달라진다. 예전에는 생산하고 남은 나머지를 시장에 내다팔거나 가내수공업 규모로 상품이 유통돼 물품이 풍부하지 않았고, 따라서 시장 규모도 크지 않았다. 해당 지역에서 생산된 물품은 대부분 인근에서 소비됐으므로 홍보의 필요도 크지 않았다. 누가 생산했는지, 생산 물품이 무엇인지 대체로 다 알려져 있었다. 따라서 제조자 표시나 가격표, 특별한 포장 없이 상품은 판매되고 유통될 수 있었다.

하지만 근대에 들어와 시장의 양상은 변하기 시작한다. 생산의 목적이 자가 소비에서 교환으로 바뀌면서 시장은 팽창했다. 자본주의 주변부의 많은 나라들과 마찬가지로 한반도에서 첫선을 보인 상품은 물 건너왔다는 박래품(舶來品)이었다. 박래품이란 '자원을 값싸게 착취하고 기계를 사용해 대량생산한 결과 근접 지역에서 전부 소비할 수 없을 만큼 많이 생산되어 해외 시장과 식민지를 공략하고자 한 상품'이라고 정의할 수 있다. 제국주의적 팽창이 낳은 박래품은 그 용도를 비롯해 생산자의 신뢰도도 알려져 있지 않았으니, 이를 소개하는 것이 광고의 첫 번째 임무였다.

상품 정보를 제공하는 것보다 훨씬 더 중요하고 근본적인 광고의 임무는 사람들을 소비자로 만들어내는 일이었다. 전통 농경사회에서 근대적 의미의 소비자이자 노동자는 존재하지 않았다. 가정이 생산 기능을 지니고 있을 때는 물품을 생산자로서 대면할 수 있지만 근대적 의미의 소비자는 물품을 생산자로서 대면할 수 없는 사람이다. 농경사회에서 가정이 생산의 기능을 담당할 때는 안과 밖의 분리가 일어나지 않는다. 밖에 나가서 돈을 벌고 가정이 소비의 기능을 담당하게 되는 자본주의적 변화 속에서 사람들은 새로운 소비자와 노동자의 역할을 요구받는다.

많은 근대 담론과 예술이 자본주의적 노동과 소비의 윤리를 설파하는 가운데 광고는 소비를 직접 훈육하는 역할을 맡았다. 시장에 상품이 쏟아져 나왔으므로, 소비하는 인간이 요구되고 소비 행위가 문명적이라는 점을 설복해내는 일이 필요해졌다. 즉 상품을 중심으로 인간의 정체성이 짜이도록 하는 변화가 요구됐다. 상품이 팔리기 위해서는 전통 농경사회의 소규모 공동체가 기반으로 하던 절약과 절제, 소규모 소비의 패턴이 소비와 낭비의 욕망으로 바뀌어야 했다. 나아가 광고는 사람들을 소비자로 만들어내는 것을 넘어 특정 브랜드를 선호하는 소비자가 되도록 상표 충성도(brand loyalty)를 만들어내고자 했다. 개별 상품을 소비하는 것보다 특정 브랜드를 찾게 만드는 일은 기업의 처지에서 더없이 안전한 판매망을 확보할 수 있는 방법일 수 있었다.

광고는 근대적 감각과 의식을 재생산하는 경제사회적이며 문화적인 제도로 기능했다. 자본주의적 사회 변화 속에서 광고는 새로운 사회의 안내자이자 교육자로 자처한다. 이동성이 커지고, 세대 간 불연속성이 심화되며, 사회적 상호작용이 복잡해진 사회에서는 오랜 공동체의 지혜가 들어맞지 않았다. 급격한 사회적, 시대적 변화를 맞아 광고는 친절하고 세세한 교육자로서 사람들에게 충고했다. 광고는 '성공하는 법', '첫인상을 남기는 법', '여가 시간을 보내는 법', '육아하는 법' 그리고 심지어 '자존감을 높이는 법'을 충고하며[3] 자본주의적 소비 담화를 구축해갔다. 세계 광고 시장의 선두에 있었던 미국에서 광고 담화를 만든 제작자들이 백인 남성을 비롯한 남성 엘리트가 주를 이루었다는 사실은 광고 담화의 인종적, 계급적, 성적 성격을 따질 필요가 있다는 점을 함께 일러준다.

당시 모든 사람들이 상품을 샀던 것도 아니고, 살 수 있었던 것도 아니다. 하지만 광고가 하는 말을 피할 도리가 없는 사람, 물건을 살 여력은 없지만 광고가 설파하는 소비민주주의의 가치에 귀를 기울이는 사람은 늘어났다. 일제강점기 내내 농촌에 인구의 대부분이 거주했던 농촌사회, 넓게 봐도 도시 인구가 20퍼센트를 조금 넘었던 당시 사회에서 과연 소비주의 담화는 힘을 발휘했을까? 답은 예스다. 상품과 화폐는 가질 수 없어서 문제였지, 가질 만한 것이 못 되는, 가치 없는 것이라고는 생각되지 않았기 때문이다.

소비자에는 여러 부류가 있었다. 취향 생산자에 해당하는 상층(부르주아지)을 비롯해 상층의 생활양식을 표본으로 삼는 중간층(프티부르주아지)이 있었고, 값싼 대체제와 모조품, 저가 품목을 소비하는 빈한한 서민층이 있었다. 인구의 절대 다수였던 농민 역시 상품 소비 시장의 주변부로 빠르게 편입됐다. 물자도 소비력도 부족했지만 소비 이데올로기는 광범위하게 확산됐다. 실제 소비 행위 이상으로 소비 이데올로기는 힘을 발휘했다고 할 수 있다. 식민지의 상황에서 소비 행위는 일본 제국의 상품을 구매하는 매판 행위로 여겨지기도 했지만, 많은 사람들은 상품에 대한 선망을 나누어 가졌다.

# 문안:
## 유행과 시대정신을
##    이끈 최첨단의
## 언어

# 1:━━━━━━━━━━

100여 년 전에는 텔레비전이 없었고 라디오에 광고를 하지 않았으므로 신문
과 잡지에 실린 인쇄 광고가 최첨단의 형태였다. 인쇄 광고 텍스트를 문안과
도안으로 나누었을 때 문안의 비중은 크다. 특히 광고가 처음 등장했을 당시
에는 문안 위주의 광고가 주를 이루었다. 광고 문안은 당대의 유행과 시대정
신을 반영하고 선도하는 역할을 한다. 광고라는 자본주의의 최첨단 예술은 대
중매체의 힘을 활용해 기술 발달의 산물인 신상품을 홍보하기 위해 다양한 설
득의 기술을 구사한다.

"The birth of civilization(문명의 탄생)"
– 영국 비누 페어스(Pears) 광고, 1880년대

# 소비가 개척하는
# '문화', '문명'

오늘날 광고에 흔히 등장하는 말은 뭘까? 힐링? 웰빙? 자연주의? ○○
무첨가? 광고 속 인기 키워드는 기술 문명의 시대에 사는 현대인의 정
신적, 물질적 갈구를 대변한다. 광고 문안은 사회의 화두를 반영하고
사람들의 욕망을 재생산한다. 인쇄 광고는 신문과 잡지에 실린 광고를
일컫는데, 한 세기 전 신문과 잡지는 최첨단의 매스미디어였으므로 인
쇄 광고 역시 광고의 최첨단 형태에 속했다. 인쇄 광고에서 도안이 충
분히 발달하기 전까지는 문안의 비중이 컸고 그래서 소규모 광고주를
중심으로 한 문안 위주의 광고가 많았다. 광고 텍스트를 문안과 도안
으로 나누었을 때 문안에서 가장 크게 제시되는 표제부와 이를 보완하
는 부제부는 광고 언어에서 핵심 요소다.

　　옛 광고의 표제부에는 '문명', '문화'를 비롯해 '근대'와 '현대', '과

학', '건강' 등의 핵심어가 등장한다. 오늘날 힐링과 같은 유행어가 기술 문명의 폐해에 대한 반응에 속한다면, 20세기 전반기에는 기술과학으로 대변되는 문명에 대한 열망이 선명했다. 특히 1930년대 후반 제2차 세계대전을 전후로 근대 문명에 대한 반성이 전면화되기 전까지 문명 예찬은 지배적이었다. 일제강점기 말에 유행한 탈근대와 문명 비판 담론에 대해서는 다음 절('현대' 요청, '유행' 강박)에서 다루기로 한다.

근대 세계가 소수의 제국과 대다수의 식민지로 분할되는 과정에서 제국의 식민지 개척은 문명화의 사명으로 포장되는 경우가 많았기에 식민지에서는 제국주의 문명에 대한 열망이 컸고 따라서 그에 대한 논의도 분분했다. 조선도 국제 역학의 변화를 문명화 과정으로 받아들이는 단계를 거쳤다. 근대 서구 세력과 만나면서 위정척사와 쇄국을 표방했던 시기를 지나 갑오개혁(1894) 이후에는 서구화로서의 문명화를 부국강병과 대체로 동일시하면서 달성해야 할 목표로 받아들였다.

문명화에 대한 시대적 열망을 반영하여 상품 시장에도 문명을 앞세운 광고가 많았다. 아래 광고 문안에는 '문명', '문화'가 공통으로 등장한다.

광고 1. "모자는 **문명의** 관(冠)이라"

　　　-《매일신보》 1910년 11월 26일 자

광고 2. "**문명적** 조미료 아지노모도"

　　　- 메이지(1868~1911) 후기의 일본 간판[1]

광고 3. "**문화적인** 가정에 없어서는 안 될 조미료"

　　　　－ 장유(간장) 깃코만,《조광》1937년 11월, 36쪽

광고 4. "**문명인**은 비누로 신체를 정결케 하지만 **야만인**은 비누를 먹어버
　　　립니다."

　　　　－ 비누 호시,《조선일보》1925년 6월 27일 자

광고 5. "The birth of **civilization**"

　　　　－ 영국 비누 페어스(Pears), 1880년대

광고 6. "For those of you who've been **civilized** long enough"

　　　　－ 프랑스 화장품 코티(Coty), 주디스 윌리엄슨,《광고의 기호학》, 2002,
　　　227쪽


　　오늘날 텔레비전에서 유행하는 여행 프로그램이나 야생 서바이벌
프로그램은 문명 탈피를 낭만과 오락으로 소비한다. 주디스 윌리엄슨
의 책에 수록된 현대 화장품 광고(광고 6)에서 '충분히 문명화된 당신'
을 호출하는 대목은 문명 발달의 고도화된 정도를 드러내는 동시에,
문명에 대한 불만족과 상대적 박탈감을 암시한다. 이미 충분히 문명화
된 소비자는 종래의 지배적 문명화와는 다른 새로운 변화를 기대한다.
　　현대 광고와 대조적으로 옛 광고에서는 문명에 대한 희구가 강력
하게 드러난다. 남성 양반의 상징이었던 갓 대신에 등장한 모자는 "문
명의 관"으로 선전됐다(광고 1). 당시 풍경 사진을 보면 사람들이 맨머
리로 다니는 법 없이 너도나도 신식 모자를 즐겨 썼다. 단발과 함께 모
자 착용은 신식 기호처럼 여겨졌다. 오늘날에는 모자가 스타일을 추구
하는 소품의 하나라면, 한 세기 전에 모자는 '문명을 지시하는 신상품'

으로 과도하게 의미 부여된 물건이었다.

조미료 광고에도 '문명'이 등장했다. "문명적 조미료 아지노모도"(광고 2). 일본의 조미료 아지노모도는 당시 MSG(글루탐산나트륨)의 패왕으로 선전되며 인기를 끌었는데, 오늘날 'MSG 무첨가'가 관용구처럼 붙어 있는 식품 광고를 보자면 격세지감이 있다. 1908년 등장한 아지노모도는 단맛, 신맛, 짠맛, 쓴맛에 이어 제5의 맛이라고 하는 감칠맛(甘味)을 발명하면서 일본과 그 식민지 시장을 아우르며 세계적 조미료로 떠올랐다. 조선에서 가장 큰 광고주 중 하나로 꼽히던 아지노모도의 스즈키 상점(鈴木商店)은 다양한 광고 전략을 구사했는데, 문화와 문명을 내세운 전략도 빼놓지 않았다.

아지노모도와 달리 전통 간장에 속하는 일본의 깃코만 장유(醬油) 광고에도 '문명', '문화'라는 유행어가 등장한다. 장유는 전통 조미료에 속하지만 브랜드화되어 유통되는 것은 단연 새로운 현상이다. 광고에는 "문화적인 가정에 없어서는 안 될 조미료"(광고 3)라거나 "문화적 생활에 없어서는 안 될 미미(美味), 경제적인 조미료"라는 문구가 등장한다. 광고는 소비 단위로서의 가정을 호출하고, 문화생활과 조미료 소비를 연결하며, 조미료 상품의 기능성과 경제성까지 홍보하고 있다.

'문명'과 '문화'는 짝지어 쓰였다. 유교권에서 통용되던 문명과 문화는 조선시대에는 유학적 교화를 가리켰는데, 이후 문명과 문화 개념을 구미의 근대 국제 질서로 변용해 받아들이는 과정에서 일본의 영향을 크게 받았다. 서구에서는 영국과 프랑스가 경합하던 18세기 중반 이후 이성의 진보와 보편성에 대한 자기의식을 표현하는 과정에서 프랑스에서 유래한 문명 개념이 확산됐으며, 이에 대응해 유럽의 주변부였던 독일에서 문화 개념이 생겨났다.

일본에서는 문명화와 문화화가 서구 열강의 식민지화를 피할 수 있는 방편으로 강구됐다. 서구 제국의 식민화가 문명화로 합리화됐던 국제 성세 속에서 일본은 식민지로 전락하지 않기 위해서 제국이 되고자 하는 팽창 전략을 도모했다. 일본의 식민지가 된 조선에서는 문명화에 대한 선택의 여지가 별로 없었다. 지구상에 생겨났던 다른 많은 식민지들처럼 문명화의 방향에 대한 논의는 생략된 채 열등한 식민지가 어떻게 문명화될 수 있는지에 대한 방법적인 논의가 문명 담론의 주를 이루었다.

일개 상품 광고에도 문명은 인기 키워드로 쓰였으며, 위생용품인 비누 광고에도 등장했다. "문명인은 비누로 신체를 정결케 하지만 야만인은 비누를 먹어버립니다"(광고 4)라는 이분법은 적나라하다. '비누=문명'이라는 도식은 비누가 개발된 19세기 후반에 전형적인 광고 전략으로 쓰였다. 영국의 페어스(Pears) 비누나 유니레버(Unilever)는 각각 '문명의 탄생'이라는 문구를 쓰거나(광고 5) '비누는 문명(Soap is civilization)'이라는 슬로건을 썼다. 비누나 치약, 샴푸와 같은 생활용품이 문명의 기호로 번역된 데는 위생이라는 강력한 근대적 가치가 있었다.

전통적인 양생(養生)이 개인의 수양과 무병, 장수를 염원해 몸과 마음의 종합적인 건강을 지향했다면, 서구 의학을 배경으로 한 위생은 신체 건강에 국한됐으며 국가 차원의 공중위생으로 위력을 발휘했다.

갑신정변(1884)을 이끌었던 개화파가 근대 개혁의 첫 번째 과제로 위생을 꼽을 정도로 공중위생 정책은 인구 정책과 부국강병의 첫걸음으로 강조됐다. 건강한 인구가 많은 나라가 잘 사는 나라로 여겨졌으며, 위생은 의학 발달의 기초로 중시됐다. 물론 이전에도 전통적인 세정제는 존재했다. 잿물이나 조두(澡豆), 수세미나 박의 즙 혹은 쌀겨, 녹두가루가 그것인데,² 점차 비누와 치약, 샴푸가 과학적 위생을 앞세운 신상품으로 호응을 얻기 시작했다.

잿물 대신 비누를 쓰고 치약을 찾는 사람, 새로운 조미료를 찾고 유행 모자와 장신구를 찾는 사람은 소비자라는 이유로 문명인이라 일컬어졌다. 해당 상품을 쓰면 문명인이지만, 그렇지 않으면 뭔가 시대에 뒤처진 사람, 촌사람, 심지어 야만인(광고 4)으로 치부됐다. 문명이라는 기호가 합리와 과학, 세련, 위생과 같은 긍정적 의미를 획득해가는 과정은 그 반대 항이 만들어지는 과정과 함께한다. 문명의 대립 기호로서 촌스럽고 비합리적이며 비위생적인 '야만'은 그렇게 만들어졌다. 시간이 흐르면서 사람들은 거부된 것을 거부하며, 부여된 것에 만족하고, 자신의 기대를 부여된 기회에 맞추고, 기존 질서가 정의한 대로 스스로를 정의해간다.³ 특정 가치나 관습은 이론 차원에서 습득되는 것이 아니라 신체를 통해 감각화, 의식화되므로 쉬이 변하지 않는다. 문명과 야만의 도식은 근대적 가치를 형성하는 강력한 틀로 작용했으며, 일상에서의 문명과 비문명의 감각은 구체적인 소비 행위를 통해 뿌리내릴 수 있었다.

'문명인=소비자'라는 상품 시장의 도식은 '문명화=자본주의화'라는 도식을 배경으로 한다. 문명화의 구체적인 내용은 자본주의적 생산과 소비에 적합한 신체와 감각, 생활습관을 훈련하는 것이었다. 마르크스의 《자본론》 1권(1867)에 공장화 생산 초기의 상황이 기술되어 있는데, 사람들은 시계의 시간에 맞춰 움직이는 반복적인 단순 작업을 못 견뎌했으며, 심지어 더 많이 일하면 돈을 더 벌 수 있다는데도 관심이 없었다. 그들은 '시간이 곧 돈'이라는 자본주의의 생리에 익숙하지 않을뿐더러 돈을 많이 벌자고 힘들게 노동하고 싶어 하지도 않았다. 생산 효율을 극대화하는 기계 생산에 적합한 신체와 정신을 만드는 과정은 곧 자본주의적 생산에 적합한 신체와 정신을 만드는 일을 의미했다.

생산하는 인간을 만들어내는 일만큼 소비하는 인간을 만드는 일은 중요했다. 생산품이 계속해서 소비되지 않는다면 공장은 계속 돌아갈 수 없다. 공장화 초기에 노동자의 저임금이 조금씩이나마 개선된 데는 휴머니즘이 작용해서가 아니라, 생산력만큼이나 소비력이 중요하다는 사실을 자본가가 깨닫기 시작했기 때문이다. 소비가 없으면 생산도 없다. 따라서 증기와 석탄에 이어 소비는 자본주의의 제3의 원료로 불렸으며, 노동과 소비는 자본주의 경제의 양 축을 이룬다. 상품을 생산하는 일만큼이나 소비자를 만드는 일이 중요해졌을 즈음 광고의 필요가 생겼으며, 광고의 임무는 인간 심리를 탐구해 소비 동력을 만드는 데 있었다. '문명인=소비자'라는 등식을 물리적으로 뒷받침한 것은 공장제 기계 생산이요, 또한 공장제 기계 생산은 '문명인=소비자'라는 소비자본주의 등식을 필요로 했다.

물품이 과잉 생산되기 시작하면서 한반도에도 상품, 곧 박래품이 흘러들어왔다. 배를 타고 들어왔다는 의미의 박래품, 즉 상상 지리로서의 서양을 지시하는 양품(洋品)이 근대적 상품의 실체였다. 새롭게 등장한 상품이란 바로 양품을 가리켰다. 많은 '양 것'이 유입되면서 사람들의 생활과 의식을 바꾸어놓았다. 양주, 양장, 양복, 양초, 양옥, 양식, 양철, 양의학 등.[4] 양말 역시 서양 양(洋)에 버선 말(襪) 자를 쓰는 양품에 속한다.

양품 소비의 일상적 행위를 통해 사람들의 감각과 정신이 바뀌었다는 지적 이전에 따져야 할 사실이 있다. 바로 양품의 물리적 토대다. **양품이란 제국과 식민지로 나뉜 근대 세계에서 서구 제국이 식민지의 천연자원과 노동력을 값싸게 착취하여 공장제 기계 생산을 통해 대량 생산하게 된 물리적 상황이 낳은 산물이다.** 근대 세계는 대부분 식민지로 개척됐으며, 식민지의 천연자원과 노동력, 시장이 자본주의 경제를 돌아가게 했다. 특히 서유럽을 중심으로 한 세계열강이 제국의 주체가 됐으므로 '동양'이라는 상상 지리로 개척된 아시아 대륙에서는 '서양'에 대한 환상을 배경으로 양품이라는 용어가 성립됐다. 동양이나 서양이 상상 지리인 까닭은 실제로 존재하는 것이 아니라 상상으로 구획된 세계이기 때문이다. '아프리카가 서양이냐, 동양이냐?'라는 물음을 던져보면[5] 단박에 동서양의 구획이 상상 지리임을 알 수 있다.

조선을 지배한 일본은 동양 세계 중에서 유일하게 제국으로 발돋움했으며, 그리하여 '백인'의 지위에 오르고자 했다. 식민지 조선에서는 일본이 문명과 문화의 일차적 상징이 됐으며, 상품 시장에서도 마찬가지였다. 하지만 일본제보다 '직수입'된 서구 물품인 양품의 인기가 높았다. 양품은 일본을 거쳐 중개되는 경우가 많았으므로 미국이나 서유럽에서 바로 들여왔다는 직수입이라는 레테르가 인기를 얻었던 것이다.

'서양' 문물에 대한 열광은 식민지 조선에만 한정되어 있지 않다. 식민지로 개척됐던 아시아의 많은 나라에서 상상 지리로서의 '서구-백인-문명'에 대한 열광을 찾아볼 수 있다. 동남아시아의 경우는 프랑스, 영국, 미국, 네덜란드 등에 이어 태평양전쟁 기간에는 일본의 통치를 받다가 일본의 패전 이후 재차 진주한 전승국에 맞서 독립을 이룬 역사를 갖고 있으며, 대표적으로 인도네시아, 말레이시아, 베트남, 캄보디아 등이 있다. [6] 인도네시아의 작가 프라무댜 아난타 투르(Pramoedya Ananta Toer)가 쓴 유명한 장편소설 《부루 4부작(The Buru Quartet)》(1980~1988)은 20세기 초 네덜란드 통치 말기의 인도네시아를 배경으로 하는데, 아래 인용한 대목에는 "말도 소도 버펄로도 필요 없는 마차"인 기차를 비롯한 서구 문물에 대한 열광이 담겨 있다.

**기차 – 말도 소도 버펄로도 필요 없는 마차를 우리도 10년 넘게 보아왔지만, 아직까지도 우리 마음속엔 놀라움이 남아 있다. 베타위에서 수라바야까지 사흘이면 갈 수 있다. 사람들은 이제 단 하루면 갈 수 있을 거라고들 한다. 단 하루라니! 물건도 가득, 사람도 가득 실은 집채만**

큼 큰 마차의 기다란 행렬이 증기로만 움직인다. 내게 스티븐슨을 만나
는 행운이 있다면 나는 온갖 꽃으로 장식된 화환을 그에게 주고 싶다.
여기저기로 뻗은 기찻길은 우리의 섬, 자바를 갈라놓았다. 기차가 내는
연기는 이 나라의 하늘을 곧 흩어지는 검은 선으로 물들여놓았다. **세계
는 더 이상 거리를 모르는 것 같다. 전보가 이미 거리를 없애버렸다. 파
워는 더 이상 코끼리나 무소의 전유물이 아니다. 코끼리나 무소 따위
는 인간이 만든 작은 부품, 즉 너트, 스크루, 볼트 따위로 교체됐다.**[7]
– 한국어 번역은 필자

인도네시아인 주인공은 지배국 네덜란드를 통해 접한 신문물에
대한 열광을 생생하게 보여준다. '파워는 더 이상 코끼리나 무소의
전유물이 아니고, 인간이 만든 작은 부품으로 교체됐으며, 기차와
전보가 이미 거리를 없애버렸다.' 소설은 인도네시아 원주민 엘리
트의 성장기를 다루는데, 인용 대목에는 소년 시절 주인공의 눈에
비친 신문물이 그려져 있다. 주인공이 신문물을 읽어내는 데 사용
한 단어는 다음과 같다. 'blessing', 'magical', 'awesome', 'astonishing', 'wonderful', 'fortunate', 'powerful', 'glorious'. 소설에
는 서구 문물에 열광하던 어린 소년이 성장하면서 겪는 식민지의
상황에 대한 회의와 갈등의 여정이 그려져 있다.

작가 프라무댜는 인도네시아의 대표적인 소설가이자 사상가, 사
회운동가로 꼽힌다. 인용한 작품은 1986년 노벨상 최종 후보에 오
른 작품으로, 국내에는 4부작 가운데 1부작이 번역됐다. 식민지 인

도네시아의 원주민 엘리트의 성장기를 그린 프라무댜의 작품을 보자면 식민지 조선의 엘리트가 보여주는 자기인식과 닮은 부분이 있어 흥미롭다.

양품 소비의 문명적 자장은 다음과 같이 요약할 수 있다. '소비자=문명인=자본주의적 노동과 소비를 하는 인간'이며, 소비자의 구체적인 상은 양품을 소비하는 사람이라 할 수 있다. 문명인이라는 양품 소비자의 존재는 새로웠지만, 이전 사회라고 소비자가 없었던 것은 아니다. 시장과 소비의 역사는 인류의 긴 역사와 함께해왔지만, 근대의 시장과 소비는 종래의 오랜 행태와는 차별화된다. 근대적 소비자는 기술 발달과 자본주의적 노동의 확산을 바탕으로 하여 생산물을 끊임없이 소비해내는 사람이요, 나아가 소비를 통해 근대 가치를 감각화하고 실현하는 사람이다.

근대 이전의 생산과 소비에 익숙해 있던 몸과 감각은 전통적인 가족 구조와 농경생활 방식을 배경으로 하고 있었다. 소규모 공동체에 기반을 둔 농경사회는 자급자족과 소규모 생산, 소규모 소비의 양상을 띠었고, 만성적인 물자 부족을 겪었다. 그리고 부족한 물자를 아껴 쓰는 절약과 절제의 윤리가 작동했다. 반면 자본주의적 소비는 늘어나는 생산력을 감당하기 위해 대규모의 쾌락적 낭비와 소모로 지속되어야 했다. 그래서 장 보드리야르는 1970년 발표한《소비의 사회》에서 오늘날의 소비 훈련은 과거에 농촌 인구를 산업 노동력으로 만들어왔던 훈련의 등가물이며, 그 연장이라고 말했다.

　노동력 훈련과 소비 훈련은 함께 진행되어 왔으며, 오늘날 소비사회의 마케팅은 근대 초기에 농촌 인구를 소비 인구로 바꾸어냈던 일과 근본적으로 다르지 않다. 이것이 근대 광고가 내세운 문명과 문화라는 용어가 낯설지 않은 이유다. 근대 광고 속에 쓰인 문명과 문화라는 말은 직접적이고 촌스러워 보일지 모르지만, 자본주의적 소비와 노동을 강조하는 맥락은 오늘날에도 변함이 없다. 오늘날에는 문명적, 문화적이라는 말 대신 좀 더 가볍고 개인적인 뉘앙스의 어휘로 대체된 것 같다. '쿨하다', '힙하다', '스왝 있다'라는 오늘날의 일상어가 가리키는 현상에는 후기 자본주의의 개인화된 소비 행태가 담겨 있다.

"근대인에게 향기로운 선물"
- 향수 헤치마코론 광고, 1934

"현대 문화와 발을 맞추어온 가오 비누"
- 비누 가오 광고, 1928

## '현대' 요청, '유행' 강박

광고에는 '문명'과 '문화'가 직접 쓰인 경우도 많았지만, 문명과 문화를 지시하는 다양한 용어도 쓰였다. '현대', '유행', '과학', '위생' 등이 그것이다. 현대적인 무엇, 과학적이고 위생적인 무엇이 문화적이고 문명적인 것으로 통했다. 그중에서도 현대는 문화와 문명의 시간성을 나타내는 말이다.

현재성을 부각하는 관점은 과거와 단절하고 현재를 미래의 자양분으로 파악하는 직선적, 역사주의적 시간관을 반영한다. 현재가 부단한 자기 갱신의 과정을 거치며 미래는 발전하리라는 역사주의적 전망 속에서는 시간이 일직선으로 전개된다. 적어도 1929년 미국의 대공황과 제2차 세계대전을 기점으로 기술 문명과 인간 존재에 대한 회의가 전면화되기 전까지는 역사가 진보한다는 세계관이 팽배했다. 당대성,

현재성을 부각한 '근대', '현대'라는 말은 광고에도 빈번하게 등장했다.


광고 1. **"근대인**에게 향기로운 선물"

    - 향수 헤치마코론, 1934년 6월 16일,《한국 광고 100년》상, 341쪽

광고 2. **"근대 여성**은 모두 애용자"

    - 조미료 아지노모도, 1928년 11월 16일,《한국 광고 100년》상, 239쪽

광고 3. **"근대 풍경** 거리에, 오피스에, 극장에 미인들은 모두 미와 매력의 **근대** 화장료 탕고도랑의 애용자"

    - 화장품 탕고도랑, 1935년 1월 31일,《한국 광고 100년》상, 344쪽

광고 4. "이것을 바르지 않으면 **현대인**의 자격을 잃는 것같이 생각되게 됐습니다."

    - 화장품 레토 크림,《조광》1936년 7월, 154쪽

광고 5. **"현대 여성**이신 당신들의 필독서"

    - 잡지《여성》광고,《조광》1936년 7월, 66쪽

광고 6. **"현대**의 교양 있는 여성에게 보내는 확실한 양모료(養毛料)"

    - 모발용품 요모토니쿠, 1940년 5월 24일,《한국 광고 100년》상, 350쪽

광고 7. "청소년 장년 제군, **1935년부터는** 영어를 무기로 하자."

    - 이노우에(井上) 통신영어학교의 영어 학습서,《조선일보》1935년 2월 13일 자

광고 8. **"2600年型** ラヂオ"

    - 라디오 내셔널(나쇼나루),《조선일보》1940년 1월 5일 자

광고 9. **"초모던 유선형** 비행선, 일본 신성당의 약 효력은 **유선형 초스-피**

**드** 비행선 동양(同樣). 이 뜻을 모르면 무식자다, 낙오자다, **현대**는 경쟁 시대다, **스피-드(속력) 시대다, 유선형 시대다.**"

- 일본 제약회사 신성당, 1935년 3월 20일, 《한국 광고 100년》 상, 296쪽

근대와 현대라는 용어는 섞여 쓰였다. 광고 문안에 '근대인'과 '근대 여성', '근대 풍경'이 등장했고(광고 1~3), '현대'와 '현대인', '현대 여성'이라는 말도 빈번하게 쓰였다(광고 4~6). 시기적으로 보았을 때 근대는 1945년 제2차 세계대전 종전 이전을 통칭하지만, 근대와 현대는 혼재되어 쓰였다. 당대를 살았던 사람에게 시간은 어디까지나 현재진행 중인 현대 아니던가. 근대, 현대로 나누는 것은 사후의 구분일 뿐, 짧은 생을 사는 인간 존재가 누리는 시간은 늘 현재적이며 첨단의 끝을 향한다. 그래서 당시 광고에는 근대 혹은 현대로 번역된 '모던'뿐만 아니라 '초모던'(광고 9)이라는 용어까지 사용됐다.

'근대', '현대'로 표기하지는 않았지만 해당 연도를 부각한 광고는 현재성을 부각하고 미래를 예약했다. 어느 영어 교재는 "1935년부터는 영어를 무기로 하자"라고 선전하며(광고 7), 최신식을 시위했다. 미래 시제가 부각된 경우도 있었다. "2600년형 라디오"라고 미래 시제를 내세운 광고는 당시 최첨단 매체였던 라디오의 이미지를 부각한 것이다(광고 8). 근대, 현대를 비롯해 현재성을 다양하게 호출하는 명명은 모두 부단한 자기 갱신과 자기 부정을 통해 진보하고 발전하는 근대적 합리성의 기치를 반영하고 있다.

많은 상품은 기술 발달의 산물로서 사회의 진보와 진화를 설득하

41

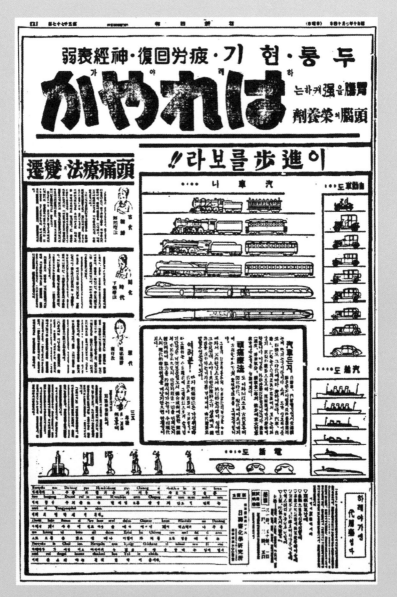

광고 10. "이 진보를 보라!!"
두통약 하레아가
《조선일보》 1935년 7월 14일 자, 전면 광고

고자 한다. 기술의 진보는 성장사회를 만드는 것처럼 보이지만, 기술의 진보와 성장은 실제로 불평등 구조에 바탕을 둔다.[8] 계급 착취뿐만 아니라 성(젠더)과 연령의 위계를 제도화하고 민족과 인종을 차별하는 과정을 통해 자본주의의 역사는 전개되어왔다. 부르주아와 프롤레타리아, 남성과 여성, 제국과 식민지, 도시와 시골의 위계 관계를 기반으로 해서 노동력과 원료는 값싸게 착취될 수 있었으며, 인류의 역사 이래 가장 물자가 풍부한 성장사회가 도래했다. 식민지 조선은 성장사회를 논할 만큼 물자가 풍부한 상황은 아니었지만, 기술의 진보와 성장은 이데올로기 차원에서 위력을 발휘했다.

"이 진보를 보라!!"라는 인상적인 표제의 광고는 두통약 광고다 (광고 10). 광고에는 기차, 자동차, 선박, 전화기가 변화해온 역사가 도안으로 표현되어 있고, 이와 대비해 두통 치료법도 '고대', '개화', '현대', '35년 후'로 발달하는 과정이 제시됐다. 기술 발달에 따른 교통과 통신 수단의 발달은 "직선적 모형으로부터 유선형"으로 정리됐으며, 이에 대응해 두통 치료를 중심으로 한 "현대인의 현대적 요법"이 제시되어 있다. 기술이 발달하듯이 두통약의 개발과 그 전망도 진전되어 왔다는 뜻이다.

기술의 진보를 유선형으로 집약하는 방식은 다른 광고에서도 눈에 띈다(광고 9). 광고는 비행기 도안을 통해 직선형에서 유선형으로의 면모를 설명하면서 "이 뜻을 모르면 무식자다. 낙오자다. 현대는 경쟁 시대다, 스피드 시대다, 유선형 시대다"라는 전투적인 문안을 내세웠다. 현대는 속도와 경쟁, 유선형의 시대로 정리되어 있고, 모던에서 '초

43

모던'으로, 스피드에서 '초스피드'로의 진보를 통해 새 시대의 시간 감각을 설득하고자 한다.

시간을 늘리거나 줄이는 압축의 정도를 가리키는 '속도(스피드)'는 현대의 상징으로 꼽혔다. 교통과 통신의 발달은 근대인의 시간 감각과 거리 감각을 완전히 바꾸어놓았다. 열흘이 소요되던 거리가 하루, 이틀로 짧아진다면 시공간의 구성은 개벽할 수밖에 없고, 인간 존재의 감각과 의식 역시 재구성될 수밖에 없다. 기술의 발달을 반영하듯이 '스피드'는 '센스', '스포츠'와 함께 현대의 3S로 꼽혔다. 혹은 '스크린', '사이언스', '스포츠'가 현대의 3S로 회자되기도 했다.

속도 관념에 따라 시간은 극단화되어 사용된다. 빠른 것이 좋은 것이다. 시간은 계산 가능한 양적 단위로 인식되면서 화폐가치와 결합해 평가된다. 따라서 '시간은 돈'이다. 시간은 압축 가능하며, 그 생산성이 화폐가치와 직결된다. 시간이 절약의 대상이 되고 속도가 강조되는 것은 오늘날 익숙한 일상의 규칙으로 통용되지만, 근대에 들어 새롭게 나타난 변화다. 빠르면 빠를수록 좋으니 속도는 가히 현대의 제왕이라 할 만했다.

시간이 계산 가능성의 영역에 들어오면서 자기 삶을 기획하는 인간 능력은 전폭적으로 확장되는 반면, 생활의 리듬은 자연에서 유리된다. 해와 달이 가리키는 농경생활의 흐름에 토대를 둔 자연시간은 시, 분, 초 단위로 쪼개지는 시계시간과 비교할 때 느리게 흐르며 다르게 흘러간다. 일출과 일몰 시간, 달의 움직임에 따른 음력 시간, 조수간만의 차이에 따른 물때를 중심으로 농촌과 산촌, 어촌의 시간이 흘러간다. 농번기와 농한기로 구분되는 농경사회의 시간은 시계시간과 전혀 다르게 움직인다. 자연시간이 '흐른다'면 도시의 시간은 '쪼개진다'고 할까. 도시의 시간은 구획되고 분할된다. 자연시간은 도시에 적합하지 않다. 산과 들이 도로와 건물로 변모하게 되면 인공의 일상에 적합한 시간이 요구된다. 자연시간은 기계시간, 시계시간으로 대체되어 약속 되고 구획된다. 공장과 학교, 군대, 회사, 감옥과 같은 근대 규율의 공간 은 기계시간으로 돌아가는 대표적인 곳이다. 철도와 우편, 전차에 흐르 는 시간 역시 자연시간이 아닌 시계시간을 기준으로 한다.

대부분의 사람이 나고 자란 지역에서 일생을 마감하던 종래의 농 촌사회와 달리, 근대인에게는 공간을 이동하고 시간을 주관할 수 있는 능력이 전폭적으로 확대되고 인간의 잠재 능력 역시 확대된다. 삶의 능력이 확장되는 과정은 자연의 리듬에서 유리되어 '합리화된=진보적 인=과학적' 시간의 폭력에 노출되는 과정이기도 하다.[9]

속도라는 현대의 제왕이 포착된 시 한 편을 소개한다. 문학평론 가 김기림이 1939년 출간한 시집《태양의 풍속》에는〈속도의 시 – 스케이팅〉이라는 시가 수록되어 있다. 스케이팅이라는 새로운 스 포츠가 지닌 시간과 속도의 감각을 보여주는 시인데, 시인은 한강 에서 스케이팅을 즐기는 자신의 모습을 노래한다. 그는 스케이팅 을 즐기는 자기 모습을 "얼음판 위에서 전혀 분방한 한 속도의 기 사(얼음판 위에서 분주한 속도의 기사)"로 표현했다. 다음은 시의 후반

부다.


내가
한 개의 환상 아웃커브를 그리면
구름 속에서는 천사들의 박수 소리가 불시에 인다.


한강은 전연 손을 댄 일이 없는
생생한 한 폭의 원고지.


나는 나의 관중 - 구름들을 위해
그 위에 나의 시를 쓴다.


희롱하는 교착선의 모-든 각도와 곡선에서 피어나는 예술
기호 위를 규칙에 얽매여 걸어가는
시계의 충실을 나는 모른다.


**시간의 궤도 위를 미끄러져 달리는 차라리
방탕한 운명이다. 나는**


**나의 발바닥 밑의
태양의 느림을 비웃는 두 칼날**

나는 얼음판 위에서

전혀 분방한 한 속도의 기사다.

– 김기림, 〈속도의 시〉,《김기림 전집》1, 심설당, 1988, 77쪽

한겨울 한강에서 스케이팅을 즐기는 시인은 "태양의 느림을 비웃는 (발바닥 밑의) 두 칼날"에 의지해 "얼음판 위에서" "분방한 한 속도의 기사"가 되어 있다. 시인이 보여주는 "환상(적인) 아웃커브"는 "시간의 궤도 위를 미끄러져 달리는" 모습으로 표현된다. 새로운 노동 주기에 따른 시간 구분인 주중과 주말을 노래한 시인의 다른 작품도 있다. 〈일요일 행진곡〉에서 시인은 "역사의 여백, 영혼의 위생 데이"로 일요일을 비유하며 도시의 휴일 감각을 노래했다.

시집《태양의 풍속》에는 신문물의 감각을 포착한 시가 꽤 있다. 초콜릿은 은빛 갑옷을 떨쳐입은 병정에 비유되는가 하면(〈초콜릿〉), 커피는 하루 동안의 시끄러운 의무를 내려주는 짐 푸는 인부로 비유됐다(〈커피 잔을 들고〉). 붉은 정열의 가마 위에 검은 강철 조끼를 입었다고 노래한 대상은 바로 기차다. 생산의 열기를 내뿜는 공장의 굴뚝은 푸른 하늘에 검은 우울을 그리는 건방진 자식으로 비유됐다(〈굴뚝〉). 모두 신문물을 감각적으로 포착한 김기림의 시다.

그런데 속도의 시대로서의 모던과 유선형 디자인을 연결한 점은 좀 더 눈여겨볼 만하다(광고 9). 직선 위주의 기계 미학에서 유선형으로의 변화는 시대 패러다임의 변모와 관련이 있다. 유선형의 등장은 디

자인 역사에서도 흥미롭게 다루어져왔다. 날카롭고 딱딱한 기계미학에서 부드럽고 매끄러운 유선형으로의 변화는 1930년대 초 기계적 진보에 대한 신뢰가 흔들리던 산업 위기의 시대를 배경으로 한다.[10] 자본주의 최악의 공황으로 꼽히는 1929년 미국발 공황은 경제성장에 대한 비전을 흔들어놓았으며, 거듭된 세계 전쟁은 인간 진보와 문명 발달에 대한 환상을 허물기 시작했다. 식민지였던 조선에서도 제2차 세계대전을 전후로 하여 자본주의 문명에 대한 회의를 담은 탈근대적 시각이 수용된 바 있다.

특히 서구 자본주의 문명에 대한 반성과 비판의 정치적 대표자로서 일본이 나서면서 1930년대 중반 이후 일본을 중심으로 한 탈근대와 '동양' 담론이 횡행했다. 근대 초기 일본의 동양론이 서구 제국에 의한 식민지화를 모면하기 위해 스스로 식민지를 경영하는 제국으로 발돋움했던 역사적 배경을 갖고 있다면, 1930년대 들어 일본은 자본주의적 근대를 초극하려는 사상적 담론과 동양 담론을 구축하면서 대대적인 제국주의적 침략 전쟁을 펼쳤다. 일제강점기 말 조선의 담론 지형을 보면 유행했던 탈근대 담론과 함께 여전히 강력했던 근대 문명에 대한 욕망이 교차하는 혼란스러운 양상을 보인다.

앞서 인용했던 김기림은 시인보다는 문학평론가로서의 입지가 더 컸는데, 1940년에 발표한 다소 과격한 평문을 보면 당대의 혼란상이 가감 없이 드러나 있다. "사실 오늘에 와서 이 이상 우리가 근대 또는 그것의 지역적 구현인 서양을 추구한다는 것은 아무리 보아도 우스워졌다. '유토피아'는 뒤집어진 셈이 됐다. 구라파 자체도 또 그것을 추구하던 후열(後列)의 제국(諸國)도 지금에 와서는 동등한 공허와 동요와 고민을 가지고 '근대'의 파산이라는 의외의 국면에 소집된 셈이다.''' 식민지가 열망했던 근대는 '유토피아'와도 같았지만 일제강점기 말에 오면 마치 '파산한' 것처럼 여겨진다는 고백이다. "근대 또는 그것의 지역적 구현인 서양을 추구한다는 것"이 무용하게 여겨진 배경에는 일본을 중심으로 부상한 동양론이 있었다.

'서양'이라는 상상지리에 대응했던 '동양' 담론은 일제의 제국주의적 침략 야욕만으로 치부해버리기에는 의미 있는 지점이 존재한다. 동양이라는 통합적 개념에는 근대 초기 중국의 몰락과 함께 서양의 기술적, 문화적 침투에 대한 문제 제기가 포함돼 있으며, 문화 정체성과 보편적 인간사에 대한 새로운 문제 제기도 담겨 있다. 무엇보다 동양론은 서유럽과 미국을 중심으로 한 자본주의 문명에 대한 회의와 반성의 시각을 반영한다. 하지만 러일전쟁을 지나 1930년대에 재부각된 동양론 속에는 어디까지나 일본이 동양적 탈근대를 위한 사상과 정치의 중심이 되겠다는 제국주의적 전제가 작동하고 있었다.''

일제강점기 말의 동양 담론은 근대를 살았던 식민지 조선인의 혼란상을 잘 보여주는데, 그 혼란은 과거에 국한되지 않는다. 여기서 짚고 넘어가고 싶은 것은 식민지와 그 후손이 가질 법한 흔한 오류에 대해서다. 전근대와 근대, 탈근대가 공존하는 역사적 현재에 대해 식민지를 경험한 세계 대부분의 나라에서는 근대화 과정을 주체로서가 아니라 타율적으로 경험했다는 방증으로 읽는 경우가 많다. 그러니까 주체적인 근대화를 이루지 못하고 타율적이고 왜곡된 근대화를 거쳤으므로 도저히 하나의 시공간에서 공존할 수 없는 것들이 공존하는 역설적인 상황이 벌어졌다고 보는 것이다.

하지만 식민지 경험 때문에 근대화 경험이 단일하지 않고 혼종적이라는 지적은 타당하지 않다. 근대 자체가 식민지성과 혼종성을 지니고 있다.《문화와 제국주의》(1993)를 쓴 에드워드 사이드의 일갈을 기억할 필요가 있다. "모든 문화는 잡종적이고 혼합적이며, 특별히 차별화되고 단일한 것이 아니"[3]다. 제국은 식민지를 전제로 하며, 식민지는 제국과의 관계에서 규정된다. **제국과 식민지가 연결된 근대 세계에서 제국의 경험은 단일할 수 없으며, 식민지의 경험은 소수의 특수한 경험이 아니다.** 전 세계의 90퍼센트가 식민지를 경험했던 역사적 사실로 미루어볼 때 식민지의 경험은 '정상태'에서 벗어난 특수 경험이 아니라, 일반적인 근대 경험이다.

'왜곡된 근대'라는 식민지적 수사는 '정상 근대', '모범 근대'를 가정하면서 끊임없이 후발 주자로서의 열등성을 일깨우려 든다. 그렇다면 뿌리 깊은 식민지적 수사의 배경은 무엇인가? 자본주의적 근대의 지역적 현현으로서의 서유럽과 미국에 대한 무한한 환상을 비롯해 근대자체에 대한 환상을 꼽을 수 있다. 그 환상을 들여다보면 근대는 달성해야 할 목적태이지 경험으로서의 근대를 가정하지 않는다. 따라서 식민지였던 후발 주자는 열등하여 근대라는 목적에 도달하지 못했거나, 온전하게 도달하지 못한 셈이 된다.

일제강점기를 바라보는 시각도 마찬가지다. 1970~1980년대에 강력했던 민족주의적 시각이나 그에 반발하는 뉴라이트의 식민지근대화론의 시각을 보면 내용은 정반대지만 전제는 동일하다. 2000년대 들어 역사학, 문학 연구에서는 이 점을 지적해왔다. 일제강점기를 제국의 억압과 식민지의 저항으로 정리하는 민족주의적 시각이 일제강점기를 자생적 근대의 씨앗이 훼손된 시기로 가정한다면, 식민지근대화론은 일제강점기에 근대화라는 목적이 달성됐다고 본다. 두 시각은 정반대처럼 보이지만, 근대를 도달해야 할 이상태로 제시했다는 점에서는 동일하다.

하지만 우리 모두 경험해왔거니와 근대는 반짝이지만은 않는다. 근대는 도시와 신상품, 반짝이는 불빛으로만 채워져 있지 않다. 도시가 형성되는 과정은 시골이 주변화되고 억압되는 과정과 함께한다. 심지어 도시의 얼굴도 풍요로움만으로는 설명할 수 없기에 도시 안에 존재하는 빛과 그늘의 양면을 말하고, 신상품만큼이나 헤아릴 수 없는 소외된 노동과 가난의 삶, 하수구의 거리와 '쓰레기산', 기후악화를 목도해야 한다.

자본주의 예술의 대표 주자인 광고에는 이상화된 근대 세계가 단적으로 드러나 있다. 광고는 '현대', '모던', '초모던'으로 세계의 변화를 즐겨 호명했지만, 광고가 제시한 '근대' 혹은 '현대'는 실제로 역사적인 개념이 아니다. 광고 속 근대가 기술 문명으로부터 혜택을 받을 수 있다는 기대로 가득 차 있을 뿐이며, 혜택을 가져다주는 사회적 조건과 무관하게 쓰인다는 지적은 타당하다. 매끈하고 반짝거리는 상품에서 생산노동의 경제사회적인 조건이 소거되어 있는 것과 마찬가지로 광고가 던져주는 현대의 시간 감각은 사실 몰역사적이다. 과거의 시간이 아닌 현재의 시간, 현재의 특징을 내세운 '현대'는 상품 소비의 시간 감각을 잘 표현하는 말인 "새로운 것이 바람직한 것"[4]이라는 인식에 맞추어져 있다. 새로움이 예찬되는 까닭은 상품화의 가능성 때문이다.

소비주의가 호명하는 현대는 대량생산되기 시작한 제품이 낳은 유형화된 라이프스타일을 가리킨다. 현대성을 단적으로 드러내는 것은 유행이라는 새로운 시간성이요, 소비 주기다. "소비가 시간을 창조하는 것이지, 단지 시간에 반응하는 것은 아니다." "순간성의 쾌락을 주입하는 일이 현대적인 소비자 훈육의 핵심을 구성"하며[5] 순간성의 쾌락은 반복되어야 한다. 소비의 즐거움은 순간적이어야 새로운 소비가 가능해지며, 새로움의 주기는 반복적이어야 소비가 지속된다. 따라서 소비는 시간에 대응하는 정도에 그치지 않고 시간을 '창조'해낸다.

유행은 소비의 주기를 대표한다. 새로움의 순간을 창조하는 유행은 여전히 무한 반복 중이다. 유행은 근대 시장이 확대되고 소비자가 탄생하면서 시작됐다. 물품이 대량생산되고 시장이 확대되면서 유행이라는 소비 주기가 만들어졌다. 봄, 여름, 가을, 겨울의 계절별 유행이나 연말연시의 소비 의례는 1920~1930년대에 이미 눈에 띄는 소비

주기로 자리 잡았다.

계절적 주기성은 반복적인 소비 실천의 전형적 형식이다. 봄, 여름, 가을, 겨울에 맞는 계절의 유행 패턴이 만들어지면서 도시의 사계절이 구성된다. 소비 실천의 핵심은 신체이므로 신체적 훈육을 성공적으로 정착시키기 위한 소비 습관은 언제나 반복의 경향을 갖는 특정한 패턴을 동반한다. 소비는 사람들에게 순간적인 쾌락을 주입하는 동시에 순간성을 안정적으로 포착해 유행이라는 시간적 주기성을 만들어 낸다.[16] 유행은 현대의 시간을 창조하며, 대량생산을 감당할 수 있는 기술 전략이자 문화사회적인 전략이다.

매년, 매 계절 유행은 새롭게 만들어지지만 길게 보아 유행은 반복된다. 유행은 돌고 돈다. 유행은 늘 새롭지만 반복되는 것이다. 그래서 유행은 새로움과 낡음, 순간성과 지속성 사이를 오가는 자본주의 사회의 고유한 시간으로 자리를 잡고 있다.

"봄이 왔습니다. 아주 음악의 시즌이 됐습니다. 사시려면 야마구치로"
봄을 내세운 야마구치(山口) 악기점 광고
《조선일보》 1931년 3월 31일 자

"대주의(大注意)"라는 표제 아래 "사람이 늙는 것도 여름, 사망자 많기도 여름,
양기(陽氣) 줄기도 여름, 전염병 많기도 여름"이라며 여름에는 질병에 각별히
주의하라고 경고했다.
여름 질병을 주의하라는 백보환 약 광고
《조선일보》 1937년 7월 27일 자

"초가을(初秋)의 산보에"
가을을 부각해 제품을 권유하는 레토백분 화장품 광고
《조선일보》 1936년 8월 25일 자

연말 세일(세모 대매출)을 내세운 화신백화점 광고
《조선일보》 1932년 12월 17일 자

"건강이 제일"
- 강장제 자양환 광고, 1920

"병적(病敵)을 섬멸, 건강을 검거"
- 소화제 인단 광고, 1937

# '건강'이 최우선

광고에 쓰인 유행어로 빼놓을 수 없는 것이 '건강'이다. 건강을 설파하
는 광고는 참 많았다. 많은 의약품 회사가 건강을 키워드로 내세워 선
전했으며, 딱히 건강과 관계없는 제품이라도 건강과 연결 지어 선전하
는 일이 많았다. 광고 문안의 키워드로 건강이 득세한 까닭은 우선 광
고 중에 약 광고가 가장 많았다는 점을 꼽을 수 있다. 의약품 회사는 대
한제국 말부터 최대 광고주로 꼽혔고, 1970년대까지 의약품은 가장 광
고량이 많은 품목으로 꼽혔다.

　세계 광고 시장의 선두에 섰던 미국에서도 의약품은 가장 많이 광
고되는 품목이었다. 의약품은 19세기 중반 초창기 광고 시장을 주도했
고 일찌감치 만병통치약 광고가 골칫거리로 등장하기도 했다. 약품 광
고량이 많았던 탓에 과장 광고도 그만큼 많았기 때문이다. 광고 시장
이 확대되는 과정에서 의약품 회사가 최대 광고주로 부상한 것은 세계

적으로 나타난 현상이었는데, 일본에서는 약방을 두고 "신문의 알짜배기 광고 지면을 몽땅 사들이는 업자"[7]로 일컫기도 했다.

의약품이 광고 시장의 선두에 섰던 것은 의학의 부상과 관련 있다. 의학은 과학 발달의 요체요, 의약품은 의학이 시장의 일상용품으로 개발된 결과다. 의학의 발달을 일상에서 쉽게 접할 수 있는 형태는 상품 형태로 매매되는 다양한 의약품이었다. 의약품을 일상용품으로 정착시키기 위한 신조어도 고안됐는데, '가정약/가정상비약', '회중약', '보급약'과 같은 용어가 그것이다.

의약품 광고는 건강이라는 키워드를 즐겨 사용했지만, 다른 제품도 건강을 앞세워 선전하는 경우가 많았다. 꼭 의약품 광고 때문에 건강이라는 키워드가 범람했다고 볼 수 없는 것이, 건강과 별 관계없어 보이는 품목도 건강을 내세워 광고하는 일이 많았다. "건강이 제일", "신체 강건이 제일 행복!"(광고1)이라는 문안으로 당대 건강 열풍을 집약한 약 광고는 그렇다 쳐도 비누와 치약, 조미료, 포도주 등도 건강을 앞세워 광고했다. 비누와 함께 대표적인 위생용품으로 꼽혔던 치약은 "건강과 미용"을 내세워 선전했다(광고 2). 포도주는 식전에 한 컵 마시면 "허약한 신체를 건강으로 인도하는" "건강의 계단"이 된다고 홍보했다(광고 3). 포도주는 약용주로 선전하면서 "피(血)와 살(肉)이 되는 포도주"(아카다마 포도주, 1934)라는 문안을 쓰기도 했다.

초콜릿, 캐러멜과 같은 기호식품도 건강을 앞세워 광고했다. 모리나가 밀크캐러멜은 신체 건장한 남성 도안과 함께 "건강한 신체"를 내세웠다(광고 4). 달달한 군것질거리가 신체 건강과 두뇌 향상을 홍보한

57

광고 1. "건강이 제일. 인간의 행복이 하나둘(一二)이 아니로되, 신체 강건이 제일 행복!"

평화당대약방의 자양환

《동아일보》 1920년 4월 30일 자

광고 2. "건강과 미용도 하루(一日)에는 얻지 못한다.

효과의 우량한 라이온(Lion) 치마분으로 매일매일 이를 닦으면 비로소

이는 튼튼하게 되고 귀녀(貴女)의 건강과 아름다움을 얻을 것입니다."

라이온 치약

《조선일보》 1933년 11월 25일 자

것이다. 캐러멜을 먹으면 신체가 건강해진다는 광고는 허황돼 보이지만, 당시 캐러멜이나 초콜릿 자체가 낯선 식품이었으므로 익숙지 않은 사람에게 소개할 때 유행 키워드인 건강을 내세워 설득하고자 한 것이다.

다양한 제품이 건강을 키워드로 내세운 걸 보면 당대 '건강'의 자장이 얼마나 컸는지 짐작할 수 있다. 이때 건강이란 정신 건강과 분리된 신체 건강을 가리킨다. 전근대 사회에서는 정신을 비롯해 정신을 둘러싼 물리적 환경을 합쳐서 양생이자 건강이라 일컬었다. 정신 수양을 통한 양심(養心)에 음식, 의복, 거주를 조절하는 양육(養育)을 더해 건강이라고 일컬었다면, 통합적 양생의 의미는 근대에 들어 신체 건강으로 좁혀지며, 신체 건강은 개인의 수양 차원에서 나아가 사회 전체를 대상으로 하는 공중위생 차원으로 변모한다.[18]

위생은 건강을 도모하고자 질병을 예방하고 치유하는 데 힘쓰는 일을 가리킨다. 양생과 위생이란 말이 섞여 쓰이기도 했지만, 근대적 위생의 의미는 구별된다. 근대의 위생 건강은 정신 건강과 분리되고 사적 차원을 넘어서면서 국가 차원의 보건이라는 의미를 새롭게 갖게 됐다. 신체 건강과 보건 위생이 부각된 데는 인구가 중요하게 여겨지게 된 맥락과 관련이 있다. 인구는 출생률과 수명, 건강 상태, 질병 빈도, 식생활과 주거 형태를 포괄하는 국가적 지표로 여겨지기 시작했다.[19]

전통사회에서도 인구는 중요했으며, 나라가 부강해지려면 인구가 늘어야 했다. 역병이 돌거나 전쟁이 나서 사람이 많이 죽으면 민심

광고 3. "건강의 계단. 아카다마(赤玉)의
식전(食前)의 한 컵(一杯)은 허약한
신체를 건강으로 인도하는 한
걸음(一步), 어느 틈에 병을
물리치고(去하고) 심신을 강하게 함"
아카다마 포트와인
《동아일보》 1925년 9월 5일 자

광고 4. "구하시오. 건강한 신체, 명쾌한
두뇌, 충실한 힘을"
모리나가 밀크캐러멜
《동아일보》 1924년 7월 30일 자

이 흉흉해지고 나라가 휘청거렸다. 하지만 근대 국가에서 인구는 눈에 띄게 강조됐는데, 미셸 푸코의 표현을 빌리면 마치 한 사회의 미래와 운명이 인구의 증식과 활용에 달린 문제로 집중된 것처럼 보일 정도였다.[20] 생명을 억압하거나 죽이는 데서 권력을 확인하는 게 아니라, 효율적으로 생명을 이용하고 관리, 조절하는 데서 권력을 발휘하는 생체 정치(bio-politics)의 태동과 함께 국가 차원의 보건과 위생은 중요하게 부상했다.

인구가 곧 국력이자 문명의 지표인 것처럼 여겨지면서 의학을 요체로 하는 기술과학은 제국의 물리적 기초로 작용했다. "제국의 기초는 예술과 과학"[21]이라는 영국의 시인 윌리엄 블레이크의 전언은 적확하기 그지없다. 제국이 확대되면서 그 예술과 과학이 힘을 얻는 게 아니라, 예술과 과학이 제국을 먼저 합리화한다. 블레이크의 말은 제국을 건설하고 견인하는 강력한 장치로서 제국의 문학, 영화 등의 예술과 함께 과학기술이 작동한다는 뜻이다. 의학은 과학의 결정체로서 강력한 힘을 발휘했고 위생을 중심으로 한 의학 연구는 "식민지 경영의 근본"[22]으로 기능했다. 몰락하는 조선을 일신하고자 했던 갑신정변의 개화파도 국가적 양생으로서의 위생을 근대 개혁의 첫 번째 과제로 꼽은 바 있다.

건강과 위생의 확대는 그렇다고 국가 차원에서만 설명될 수 있는 것은 아니다. 의학은 국가 차원의 개혁과 인구 증강 정책, 나아가 식민지 건설의 기초로 기능했던 한편, 개인의 생명권과 건강권이 신장되는 데 크게 기여했다. 1930년대 조선인의 평균 수명은 기록상 불과 40세

안팎으로 나타나는데, 의학이 발달하면서 유아사망률이 줄어들고 수명이 연장되며, 좀 더 효과적인 치료를 받을 수 있는 가능성이 늘어난다. 이는 개개인이 생명과 행복에 대한 권리를 적극적으로 추구할 수 있게 된 과정이기도 했다.

개인의 건강권 향상과 국가 위생의 중심에 있었던 의학은 '한의학'이 아니라 '양의학'이었다. 조선은 약의 나라라고 일컬어질 만큼 한약이 일상화되어 있었지만, 일제강점기에 들면서 물리적으로나 제도적으로나 양의학이 위력을 발휘하게 된다. 전통 한의학을 누르고 부상하기 시작한 서구적 위생은 일본을 거쳐 수입된 독일 의학이 바탕이 됐다. 위생의 핵심은 세균설이었다. 세균설은 전염병의 창궐을 막고 인구를 증강하는 데 결정적으로 공헌했다. 눈에 보이지 않는 세균이 질병을 일으키고 퍼뜨린다고 세균설은 설명했다. "위생의 자각은 세균과의 전투 개시 선언"[23]과도 같았다.

세균은 육안으로 보이지 않으므로 전문가와 과학자의 전문 영역이 됐다. 특히 세균설은 식민지에 실시된 방역 위주의 강력한 위생 행정 정책과 맞물려 막강한 권위를 발휘했다. 식민지에서는 예산 투자가 쉽지 않았으므로 억압적 방역과 행정 정책 위주로 공중보건이 도모된 탓에 세균설은 더욱 위력적이었다. 세균설을 바탕으로 한 위생 개념이 급부상하면서 천기의 부조화나 악귀의 존재 등으로 역병과 전염병을 풀이하던 관습은 비과학적 미신으로 퇴락하기 시작했다.

세간에도 세균설과 감염에 대한 지식이 확산됐다. 당대의 신문과 잡지에서 세균설을 해설하는 기사를 찾기는 어렵지 않다. 신문 사회면에 실린 많은 의학 관련 기사는 식민 행정의 위생 정책과 청결, 방역 작업을 알렸다. 위생의 기치는 시장에서 개별 상품 형태로도 활발히 거래됐다. 대표적으로 비누와 치약을 비롯해 샴푸, 구강 청결제 등이 있었다. 특히 비누와 치약은 "위생의 전도사"[24]로 꼽혔다. 이전에도 비누 역할을 했던 전통 세정제가 있었지만, 대량생산된 비누 상품이 위생의 기표를 점령해 갔다.

시장에 출시된 많은 위생용품은 세균설의 권위를 활용해 적극적인 광고전을 펼쳤다.

> 광고 5. "구중(口中) 위장 내 살균제 가오루(カオル)는 건강하신 여러분(諸
> 位)의 호신약(護身藥)으로 조제(配劑)했사오니 음식 후, 외출 시 등
> 에는 필히 본제의 두세 알(粒)을 구중에 물어 입으로 들어오는 병
> 균이 침입되지 않도록 주의하시기를 바랍니다."
> - 구중 청결제 가오루,《동아일보》1929년 4월 2일 자
> 광고 6. "가정부인이시든지, 여학생, 직업에 계신 여성이시든지, 누구를 물
> 론하고 일기(日氣)가 따뜻하고 더워갈수록 곁땀(겨드랑이 땀)과 악
> 취로 인하야 여러분이 늘 연구하시고 고심 중에 계실 것입니다."
> - 화장품 다모라 크림,《조광》1936년 7월

구강 청결제이자 소화제인 가오루는 "구중 위장 내 살균제"임을 내세웠다(광고 5). 가오루는 인단과 비슷한 상품인데, 오늘날 중년층에게는 은단으로 불렸던 인단이 가오루보다 더 익숙할 것이다. 가오루

광고는 인단과 함께 강력한 의약품 광고로 손꼽혔다. 일제강점기 신문과 잡지를 보면 지면을 넓게 차지한 인단이나 가오루 광고를 쉽게 찾아볼 수 있다. 광고 속 가오루는 '살균제'이자 '호신약'으로 선전되면서 식사 후나 외출할 때 상용하면 병균의 침입을 막을 수 있다며 건강을 약속한다. 광고의 설득 논리를 따지자면 '병균'과 '살균', '호신'이 연결되면서 가오루를 상용하는 건강한 사람이라는 이미지가 만들어진다.

'입으로 들어오는 병균'을 내세운 가오루 광고를 보자니 1920~1930년대부터 많이 선전된 미국의 구강 청결제 리스테린(Listerine)이 떠오른다. 리스테린은 구취(halitosis)라는 의학 용어를 가져와서 광고전을 펼쳤다. 용어 자체가 없었던 것은 아니지만, 전문 의학 용어로 국한되어 있던 구취라는 말이 리스테린의 광고 전략을 통해 새롭게 의미 부여 받은 것이다. 구취는 의학 차원에서 나쁜 병증의 하나로 취급되다가 사람들이 일상적으로 관리해야 하는 예절의 차원으로 재발견됐다. 리스테린이 '구취'를 개발해 '입을 소유'할 수 있었던 것처럼[25] 가오루나 인단은 '살균'을 계몽하며 사람들의 입을 점령해 나간 셈이다.

일반 대중이 세균설과 위생의 과학을 장착하는 일은 의외로 손쉽게 가능했는데, 상품의 소비자가 되면 해결되는 일이었다. 상품이란 기술의 총아요, 지식 상용화의 물리적 결과물로, 시장에서 일정한 화폐만 지불하면 구입할 수 있다. 세균설에 입각한 구강 위생은 딱딱하고 어려워 보이지만, 꼭 그렇지만도 않은 것이, 구취와 감염을 극복한 결과로 쾌감이 약속된다. 소비자가 되면 최첨단의 위생을 장착하고 산뜻하고 향기로운 근대인으로 차리고 나설 수 있는 것이다.

위생은 미와 건강, 교양, 세련과 같은 다른 근대적 가치와 쉽게 통용된다. 위생적인 것은 아름다운 것이요, 건강하며 교양 있고 세련된 것이다. **새롭게 발명된 상품은 지배적인 근대 가치를 활용해 선전전을 펼치는 동시에, 근대 가치를 일상화하는 통로의 역할을 했다.** 근대 가치가 상품 소비를 통해 감각화된다는 사실을 광고는 뚜렷하게 보여준다. 근대 가치는 낯설고 습득하기 어려운 것이 아니라, 상품 구매자가 된다면 획득 가능하며 실현 가능하다. 위생이나 미, 교양과 같은 가치는 거창하지 않다. 위생용품을 쓰는 사람이 아름답고 건강하며 교양 있고 세련된 사람이 된다.

그런데 따지고 보면 위생과 미를 설득하는 상품은 사람들을 비위생적이고 추한 상태로 규정한다. 쾌락과 청결, 건강을 성취하는 과정에서는 불건강과 감염, 비위생과 악취를 일상적으로 의식하고 염려하고 고민하는 주체가 요구된다. "가정부인이시든지, 여학생, 직업에 계신 여성이시든지, 누구를 물론(勿論)하고" "겻땀과 악취로 인하야" "늘 연구하시고 고심 중에 계실" "여러분"(광고 6)이야말로 상품을 구매해야만 하는 사람이다. 즉 불결하고 땀으로 뒤범벅된, 위생이 박탈된 주체로서의 광고 수용자들이다. 예전에도 겨드랑이 냄새나 입 냄새가 좋다고 하지는 않았지만, 사회적으로 무례하며 일상적 관리가 필요한 것으로 인식하기 시작한 것은 큰 변화였다.

매끈하고 향기로운 신체는 오늘날 더 이상 낯설지 않다. 분비물이나 몸의 일부가 제거되어 개조된 신체는 흔히 쾌적하고 에티켓 있다고 여겨지고 있다. 옛날에는 비누를 쓰고 치약을 사용하며 구강 청결제나 화장품을 구입하는 정도면 모범적이고 위생적인 신체를 가진 사람이라고 여겨졌지만, 오늘날에는 군살 없는 몸, 즉 여성의 S라인이나 남성의 초콜릿 복근과 같은 특정한 신체여야 그런 평가를 받는다. 자연 상태의 몸에서 점점 털이 사라지고 향수 냄새가 체취를 대체한다. 지방을 줄이고 단백질을 높이기 위한 먹거리 상품, 운동용품을 비롯해 제모제와 제모 시술, 향수와 화장품이 현대인의 신체를 만들고 있다.

점점 사람들의 눈도 털 없는 겨드랑이, 털 없는 팔다리에 익숙해지고 여성의 큰 유방과 남성의 단단한 상체에 익숙해지고 있다. 불과 20여 년 전만 해도 TV에 나오는 여성이 겨드랑이 털을 노출하는 일은 심심찮게 있었고 남성의 상체도 둥글둥글했다. 하지만 오늘날의 모범적인 복부는 단단해야 한다. 일상의 식단으로는 미디어가 권장하는 신체를 지닐 수 없으므로, 특정 음식을 먹거나 특정한 운동을 통한 집중적인 '관리'가 있어야 단단한 몸이 가능해진다. 건강을 위한 운동을 한다고 몸이 만들어지는 것이 아니다. '몸을 만드는' 운동이 따로 필요하다. 잘빠진 몸이라고 하지만 사실상 그런 몸은 유방이나 둔부, 어깨와 같은 신체 부위 간의 극적인 비대칭과 불균형을 특징으로 한다. 실제로는 신체를 끊임없이 변형, 억압하는 형태로, 오늘날 사람들은 신체를 유희하고 투자하는 소비자로 살아간다.

오늘날의 신체 건강과 구별되는 근대의 특징이 하나 있다. 신체 건강을 둘러싼 식민지적 자장이 그것이다. 당시 가장 광고량이 많았던 품목은 의약품과 화장품(비누, 치약 같은 위생용품 포함)이었는데, 당대의 광고 통계를 보면 일본제 의약품과 화장품이 식민지였던 조선을 비롯해 타이완, '만주'를 점령하다시피 했다. 일본의 식민지에서는 통상적으로 일본 제품의 광고량이 많긴 했지만, 특히 의약품과 화장품 부문에서 일본제의 비중이 눈에 띄게 높았다.[26] 의약품과 위생용품이 설파하는 '위생 대 비위생', '건강 대 불건강'의 자장에 대해서는 식민지의 상황을 고려해 좀 더 들여다볼 필요가 있다.

과학을 바탕으로 한 제국의 건강 담론에서 볼 때 조선은 '병들어' 있었다. 늙고 병든 식민지를 건강한 제국이 치료하고 되살려줘야 한다는 문명화의 사명은 조선을 식민지화하는 데도 명분이 됐다. 위생적인 일본이 비위생적인 조선을 통치하여 문명의 길로 이끌 수 있다는 제국의 건강 담론은 드높았다. '위생 제국'이 식민지를 개척하듯이 식민지의 상품 시장에서는 일본제 의약품과 위생용품의 비중이 압도적이었고 그만큼 광고량도 많았다. 다른 상품보다 위생용품 부문에서 일본제의 광고량이 눈에 띄게 많았던 현상은 제국의 위생 이데올로기가 상품 시장에서도 작동하는 양상을 보여준다.

전시기, 즉 1937년 중일전쟁 이후 해방 이전까지 태평양전쟁(대동아전쟁)으로 확대됐던 전쟁 동원기에 나온 광고를 보면 제국주의적 건강 담론은 노골적으로 확대, 재생산된다. 제국주의 전쟁 상황에서 건강이 강조된 이유는 생산력과 군사력 확대가 필요했기 때문이다. 근대인의 가치로 선전됐던 건강은 식민지 상황에서 제국주의적 건강 담론과 맞물려 있었는데, 전시기에 접어들면서 뚜렷하게 침략전쟁의 명분으로 활용된다. 사람들은 전시기에 전쟁 물자와 생활 물자를 생산하는 노동력이자 전쟁에 참여할 수 있는 전투력으로서 튼튼한 국민이 될 것을 요구받았고, 나아가 건강한 어린이를 키워내야 했다.

사람들에게 요구된 정체성은 노동하고 생산하는 국민이었고, 구체적인 국민상은 근면한 노동자이자 참전하는 군인, 생산하고 양육하는 어머니, 미래의 전투력으로 집약할 수 있다. 사람들은 국민이 되어 전쟁에 활용될 수 있어야 했다. 상품 시장을 보자면, 광고가 호출해온 소비자상에 국민의 상이 덧입혀져 애국적으로 소비하는 국민이 호출된 것이다. '국산' 광고가 봇물을 이루었던 현상도 전시기에 들어와 두드러진다. 다만 기업의 이해와 국가의 이해는 다를 수밖에 없고, 나라 없는 식민지 상황에서 국산 생산과 소비의 자장은 복잡해질 수밖에 없는데, 이에 대해서는 다음 절('조선산', '국산')에서 다룬다.

전시기 광고에는 다양한 국민상이 그려졌다. 도열한 군인의 몸이 등장해 전투력을 강조하기도 했고, 모성이 강조되기도 했다. 모성을 강조한 광고는 아이를 낳아 생산력 증강에 기여하자는 식이었는데, 일본에서 제작된 광고가 번역되어 식민지에 유통된 것들이다. 광고 속 아이의 모습도 변화했다. 아이는 미래의 전투력과 생산력으로 기대됐다. 광고 7에는 군복 입은 어린이가 등장한다. 아이의 모습과 함께 제시된 "연속 결전에는 연속 증산으로 보답하지 않으면 안 됩니다"라는 광고 문안은 제국의 선명한 요구를 반영한다.

제국주의적 건강 담론이 노골화되는 과정에서는 병적(病敵)이 지목된다. "병적을 섬멸, 건강을 점거"하자는 강력한 문안으로 채운 인단 광고는 별 도안 없이도 눈길을 끌기에 충분하다(광고 8). 1937년 중일전쟁, 1940년 태평양전쟁을 거치면서 일본 제국주의가 겨냥한 병적은

광고 7. 전시기에 "증산건민(增産健民)"을 내걸고 광고한 영양제 와가모도
《매일신보》 1944년 2월 19일 자

누가 될 것인가? 다름 아닌 당시 일본이 점령해 나갔던 아시아의 여러 나라였고, 나아가 서구 자본주의의 병폐로 지목된 미국과 그 연합국으로 확대될 것이었다.

1940년에 나온 광고 9는 식민지 개척 전쟁과 관련해 생각거리를 던져준다. 광고 속 사진에서 일본 군인은 중국인으로 보이는 인민에게 안약을 넣어주고 있고, 사진 옆에는 "황군 용사의 현지 양민에게 대한 안약 치료(眼療) 공작(工作)의 광경(明景)"이라는 설명이 붙어 있다. 아픈 이를 치료하는 인본주의적 발로로만 이 장면을 읽어낼 수는 없는 것이, '황군 용사'가 '현지 양민'을 상대로 의료 행위를 하는 이 사진에는 위생 제국 건설을 앞세워 전쟁을 벌인 일본의 제국주의적 욕망이 투영되어 있기 때문이다.

제국이 점령하고자 하는 병적은 안약 광고에서 병든 눈으로 대표되는 미개와 야만의 중국, 나아가 1940년 이후 일본이 점령한 동남아시아의 여러 나라로 지목될 수 있다. 황군 용사로 칭해진 사진 속의 일본 군인은 선량한 웃음을 보이지만, 위생 제국의 명분을 내세운 전쟁은 결코 선량하지 않았다. 어떠한 전쟁도 정의롭거나 정당화될 수 없다.

어떤 전쟁도 정당화될 수 없다는 역사적 진실 앞에서 제국의 이등 국민이었던 조선인의 모습을 마지막으로 짚어야겠다. 식민지의 조선인은 어디까지나 일등 국민인 일본 국민과 구별되는 이등 국민의 신분이었지만 일본의 제국주의 전쟁에 직접, 간접으로 참여하고 동원됐다. 일본이 동남아시아를 침략하면서 타이완에 이어 일본의 제2식민지였던 조선의 역할은 부각됐다. 일본이 볼 때 조선은 불건강한 식민지였

광고 8. "병적을 섬멸, 건강을 점거",
"출정 장병을 제일로 즐겁게 하는
위문대(慰問袋)의 도착! 제이로
즐겁게 하는 인단(仁丹)!
위문대에는 반드시 인단을"
구중 청결제 인단
《조선일보》 1937년 12월 5일 자

광고 9. "눈을 보호하라! 병사들은 국가를 보호하고 로도 안약은 눈을 보호한다."
로도 안약
《동아일보》 1940년 6월 5일 자

지만, 일본 제국에 상대적으로 먼저 합류했던 조선은 추후 점령된 중국이나 동남아시아의 필리핀, 말레이시아, 인도네시아 등보다는 식민지의 대열에서 우월한 위치를 점할 수 있었다. 그러니까 식민지 조선은 삼등, 사등 국민이 될 후발 주자들보다 앞서고자 하는 '작은 제국주의자'의 욕망을 보였다.

조선은 일본의 제국주의 전쟁에 동참해 중국의 동북부 지방(만주)이나 '남방'이라 일컬어지는 동남아시아의 여러 나라를 후발 식민지로 개척하는 데 의욕적이었다. 당시 조선의 신문이나 잡지를 보면 만주사변(1931) 때부터 중국을 '지나'로 비하하며 중국 동북 지방을 개척하고자 했던 열망을 기록한 기사와 쉽게 마주칠 수 있다. 1937년 중일전쟁 이후에는 중국뿐 아니라 남방으로 불렸던 동남아시아의 여러 나라를 복속하는 데 합류하려는 조선의 제국주의적 욕망은 높아져갔다.

"조선에서 생산된 남방에 대한 인종화된 식민주의 담론은 일제의 오래된 식민지로 포획된 조선이 새로운 식민지에 대해 스스로를 문명 기획자이자 개척자로 설정함으로써 제국의 중심과 동일화되려는 욕망"[27]을 보인다. 이는 전시기에 조선이 지닌 남방 판타지의 욕망과 그 분열 양상을 분석한 권명아의 말이다. 그러니까 일본이 조선을 식민지화하면서 문명 기획자로 자처했던 것과 마찬가지로 조선은 '새끼 제국주의자'로서 문명 개발자로 자처하면서 일본의 제국주의적 욕망에 합류했던 셈이다.

일제강점기 말과 한국전쟁기 전후를 다룬 손꼽히는 기록 문학인 박완서의 소설《그 많던 싱아는 누가 다 먹었을까》(1992)에는 1940년대 초반 전쟁 광풍 속의 소녀, 소년의 모습이 기록되어 있다. 제2차 세계대전을 맞았지만 "우리는 그 전(1937년 중일전쟁-필자)부터 이미 호전적으로 길들여져 있었다. 우리는 중국을 '쨩꼴라', 장개석을 '쇼오가이세끼'라고 부르면서 덮어놓고 무시할 때였다. 동무들하고 싸울 때도 쨩꼴라고 놀려주는 게 가장 심한 모욕이 됐다. 아침에 운동장에서 조회를 할 때마다 황국 신민의 맹세를 하고 나서 군가 행진곡에 발을 맞춰 교실에 들어갈 때면 괜히 피가 뜨거워지곤 했는데, 그건 뭔가를 무찌르고 용약해야 할 것 같은 호전적인 정열이었다."²⁸

박완서는 일제강점기 말 군가에 맞춰 교실로 들어가는 '국민학생' 시절을 묘사하면서 "남양군도를 하나하나 함락시킨 걸 뽐내고 자축하기 위해 밤엔 등불 행렬이 장안을 누볐"던 서울의 광경을 또박또박 전한다. 남양군도를 함락했다는 일본의 승전보가 울린 서울에서 아이들은 황국 신민의 맹세와 군가 행진곡에 발을 맞추며 '호전적인 정열'에 들떴다. 작가가 증언하는 소녀 시절에 품었던, "뭔가를 무찌르고 용약해야 할 것 같은 호전적인 정열"은 살육과 파괴의 전쟁에 합류하고 있었다. 호전적인 아이들의 모습은 안쓰럽기도 하고 아프기도 하다. 윤해동은 《식민지 근대의 패러독스》에서 일제강점기 일본의 제국주의 전쟁에 참전했던 조선인을 두고 피해자이자 가해자로서 "한 손에 피를 묻힌 새끼 제국주의자"²⁹라고 표현했다. 피해자로 살았다고 해서 가해의 역사가 무마되는 것은 아니다. 한반도의 근대사에는 일본에 지배당했던 식민지인이자 제국주의 개척 전쟁에 참전했던 소(小)제국주의자의 모습이 뚜렷이 기록되어 있다.

과거의 역사는 두고두고 변주된다. 근대사에 기록된 새끼 제국주의자의 욕망은 1960년대부터 1970년대 초까지 미국이 벌인 제국주의 전쟁에 세계 최대 규모로 참전했던 베트남전의 한국군으로서도 현현한다. 1999년《한겨레 21》잡지는 베트남전쟁 당시 한국군의 양민 학살을 대대적으로 보도한 바 있다. 이후 김현아의《전쟁의 기억, 기억의 전쟁》(2002), 권헌익의《학살, 그 이후》(2012)를 비롯한 저작들이 전쟁에 얽힌 기억정치를 다루었고, 2014년 한국군 파병 50주년과 2015년 베트남전쟁 종전 40주년을 맞이해 잇따른 학술기획에서는 한국군 파병의 정치경제적인 면뿐 아니라 사회문화적인 면과 기억정치의 면에서 논의가 진전되어왔다.

지금의 독자에게 베트남전쟁은 조금 먼 기억이겠지만 오늘날 일상에서도 타자를 식민화하는 전선은 끊임없이 벌어지고 있다. 전쟁은 역사에 기록되는 먼 사건이 아니라 가까운 일상에서도 진행 중인 현재적 사태다. 오늘날 다문화 사회가 된 한국에서는 '정상적' 한국인을 규정하기 위해 다양한 비정상을 만들어내 비국민으로 내몰고 억압한다.[39] 난민, 결혼이주민, 이주노동자처럼 인종적, 계급적 측면에서 다양한 비국민들이 만들어지고 있다. 한반도의 근현대를 살았던 할머니, 할아버지, 어머니와 아버지 세대가 전쟁 난민이나 결혼이주민, 이주노동자였던 시절을 지나서 오늘날 한국 사회는 외국으로 유학, 취업, 이민 가는 한국인이 늘어나는 한편, 많은 이주노동자를 받아들이는 상황이 됐다. 한국의 이주노동제도는 악명이 높은데, '고용허가제'는 백인을 제외한 특정 이주노동자를 억압하는 제도와 시선으로 작동하면서 인종차별과 육체노동 탄압의 양상을 확인시켜준다. 그래서 역사는 먼 과거로 편리하게 분리되어 있을 수 없다. 역사는 과거가 아니며, 현재는 끊임없이 역사적 성찰을 필요로 한다.

# '조선산', '국산': 광고와 내셔널리즘[31]

국산 제품이 토산과 '메이드 인 코리아', '우리 농산물'을 홍보하는 것처럼 일제강점기에도 우리 것을 내세우는 일이 흔했다. 잘 알려진 물산장려운동이 그것이다. 광고에서도 우리 것을 내세워 홍보하는 일이 드물지 않았다. 광고와 내셔널리즘 문제는 흥미로운데 소비자와 기업, 국가의 이해가 결탁하고 충돌하는 지점을 특징적으로 보여주기 때문이다. 특히 나라 없는 식민지에서는 그 자장이 더 복잡해질 수밖에 없다. 식민지뿐만 아니라 전 세계적으로 국산화 홍보 전략이 유행했으므로 상품의 민족색, 국가색을 홍보한다는 것이 무엇인지 살펴볼 필요가 있다.

먼저 '우리 조선산'을 홍보한 광고 전략부터 살피면 물산장려운동의 열기를 떠올릴 수 있다. 물산장려운동은 3·1운동 이후 1920년대 초반 가장 큰 호응을 얻었고, 이후에는 순조롭게 진행되지 못했으나

1930년대 초까지 전개됐다. 조선산을 내세운 광고 역시 1920년대를 거쳐 1930년대 전반까지 많이 나왔다. 물산장려운동의 주체는 조선물산장려회(1923~1937)로, 민족주의자와 상공업자가 주축이 됐고 동아일보사가 실질적인 주체 기관으로 알려져 있다.[32]

물산장려운동은 생산과 소비의 민족화운동으로 요약할 수 있다. 물산운동은 식민지 경제의 문제점을 직시해 조선 경제가 조선인의 경제와 분리되어 있다고 비판했다. 이는 식민지의 경제가 발달한다고 해서 조선인의 생활이 나아지는 것이 아니라는 뜻으로, 민족주의적 시각에서 식민지의 경제 구조를 비판한 말이었다. 하지만 식민지 상황에서 생산력을 증대하는 일은 일정한 한계가 있었으므로 조선산 애용 장려로 집약되는 소비운동이 물산운동의 초점이 됐다.

소비운동은 실제로 의미가 있었는데, 당시 주변을 돌아보면 "전부가 외화(外貨)이며 모든 살림살이가 외화 없이는 참으로 살 수가 없는 형편"[33]이었기 때문이다. 상공업자가 생산력을 키우는 데는 힘쓰지 않고 외국 상품만 취급하며 이익을 추구한다는 비판을 받았다면, 소비자는 조선 것이라면 덮어놓고 불신하며 박래품이나 일제라고 하면 무조건 추앙하는 태도가 문제가 됐다. 조선산이 홀대받는 상황에서 조선산 물품을 이용하자는 소비운동은 결과적으로 조선 물품의 생산을 지지하고 응원하는 성격을 띨 수 있었다.

물산운동의 열기에 기대어 많은 조선인 상공업자들은 민족 마케팅을 펼쳤다. 소비자에게 호소하고 공감을 구하는 지점을 광고의 소구점(appeal point)이라고 하는데, 광고의 소구점으로 민족주의적 정서가

광고 1. "이천만 우리 민족의 가장 적절한
춘추동 의복감은 값싸고 튼튼한 우리
물건인 동양목(東洋木)이 제일"
흥일사(興一社)의 동양목
《동아일보》 1927년 9월 28일 자

광고 2. "조선 물산 장려키
위하여
안성맞춤 유기를 쓰시오."
안성유기제조주식회사
《동아일보》 1928년
10월 7일 자

광고 3. "다 조선 사람의 경영인 경성방직회사에서 제조하는 것"이라고
설명하는 경성방직주식회사의 옷감 광고
《동아일보》1930년 10월 15일 자

광고 4. 물산운동의 노래를 활용한 경성방직주식회사의 태극성 광목
《동아일보》1936년 6월 5일 자

등장한 것이다. 식민지에서는 민족적 호소가 두드러져서 '우리 민족', '우리 것', '조선 물품'과 같은 호소가 눈에 띄었다. 한반도에서는 '국가' 보다 '민족'이라는 용어가 먼저 등장했다는 연구도 있는데, 1800년대 말, 1900년대 초 국권 상실의 상황에서 민족주의적 정서가 팽배했기 때문이다. 광고에는 "조선 물산 장려"(광고 2)를 비롯해 "이천만 우리 민족의 가장 적절한" "값싸고 튼튼한 우리 물건"(광고 1), "조선 사람의 경영인 경성방직회사에서 제조하는 것"(광고 3)이라는 점이 강조됐다. 우리 손으로 만든 우리 제품이라는 사실에 걸맞게 제품명부터가 특징적이었다. '동양목', '안성 유기', '농구(農具)표' 광목, '불로초' 광목, '산삼표' 광목, '삼신산' 광목, '천도표' 광목, '태극성' 광목(광고 1~4) 등 제품명부터 민족색을 드러냈다. 당대에 유행한 상품은 '킹그(king)', '마스타(master)'처럼 외국어나 일본어의 가타가나로 쓰인 제품명을 단 경우가 많았기 때문이다.

　'우리', '민족'을 내세운 제품은 일본제를 비롯해서 일본을 거친 서구 박래품을 겨냥했다. 식민지는 제국에 원료와 노동력을 대는 공급지일 뿐만 아니라 상품 판매 시장이기도 했으므로 제국의 물품은 식민지 시장을 장악하다시피 했으며, 미국과 서유럽을 중심으로 한 세계자본주의 중심부 국가의 상품도 힘이 셌다. 식민지나 약소국은 시장을 점령한 식민통치국과 강대국을 적으로 돌려놓고 토산으로서의 '우리 것'을 규정해 나갔다는 공통점을 갖는다. 따라서 많은 식민지에서 민족주의적 생산과 소비운동이 전개됐다.

서구 열강의 반(半)식민지로 전락한 중국도 마찬가지였다. 특히

1930년대에 들어와 중국에서는 일본 상품을 불매하자는 '일화배척운동(日貨排斥運動)'이 강력히 전개됐다. 식민지에서 전개된 민족경제운동 중에서 가장 잘 알려진 사례는 인도의 스와데시운동이다. 한반도의 물산장려운동은 스와데시운동과 곧잘 비교되곤 하는데, 물산장려운동과 달리 스와데시운동이 성공적으로 전개된 배경에는 소비운동이 확대되는 만큼 생산력이 증가했던 사정이 있다.[34] 물산장려운동이 한계에 부딪힌 배경으로는 여러 가지를 꼽을 수 있는데, 소비를 뒷받침할 만큼 생산력이 늘지 못했다는 것도 그중 한 이유다.

민족주의적 경제운동이 식민지나 약소국에 한정됐던 것은 아니다. 자본주의의 중심부 국가인 영국과 미국을 비롯해서 독일, 러시아, 일본에서도 국산화운동은 활발하게 전개됐다. 자국의 산업을 보호, 육성하기 위해서였다. 외제를 대립항으로 내세운 국산운동 담론의 정치경제적 배경을 살펴보면 보호관세를 통해 자국의 유치산업(infant industry)을 보호하고 수출 보조금을 지원하던 세계적인 보호무역주의가 있다. 세계적으로 광범위하게 전개된 민족적, 국가적 경제운동은 제1차 세계대전 이전부터 벌여온 보호무역주의와 지역적인 자급자족(경제블록) 체제가 구축되어가던 국제 정세 속에서 펼쳐졌다.

20세기는 경제전쟁의 시대로 불렸다. 상전(商戰)으로 명명된 경제전쟁이 현대판 전쟁으로 여겨졌다. 개별 상품이 국가나 민족의 기표를 입고 경제전쟁에서 싸우는 셈으로, 각 나라의 국산 제품은 상전에서 대결하는 전사처럼 간주됐다. 광고가 '상전의 포탄'이라는 말도 이 맥락에서 나왔으며, 경제전을 시각화한 광고도 눈에 띄었다(광고 5).

廣告는商戰의砲彈
국가의정치도광고에달녀
최근에생긴돌날만한사실

기사 1. "광고는
상전(商戰)의 포탄"
《동아일보》1921년
6월 20일 자

광고 5. 모리나가 밀크캐러멜이 조선의 기호품
시장을 정복하는 양상이 시각화된 광고. 비행기에서
폭탄이 투하되듯 모리나가 캐러멜이 투하되고 있다.
"조선을 한 바퀴 돌자"라는 문안도 인상적이다.
모리나가 캐러멜
《조선일보》1931년 5월 19일 자

일본에서도 국산화 정책이 활발하게 추진됐는데, 특히 제1차 세계대전이 발발하면서 서유럽 등지에서 들여오던 박래품이 끊기자 1910년대 중반 이후 국산화가 적극적으로 추진됐다.[35] 일제강점기부터 활발하게 광고전을 펼쳤으며 오늘날까지 건재한 일본 제품이나 세계 유수의 브랜드는 제1차 세계대전을 전후로 시장 장악을 꾀했던 경우가 많다. 일본에서는 국산화 정책이 추진되면서 인단, 중장탕, 대학목약, 라이온, 가오 등이 출시됐고, 일본 맥주의 양대 시장(기린 대 아사히, 삿포로, 에비스)이 형성됐다.

제1차 세계대전 이후 일본에서 국산운동이 다시금 대대적으로 부각된 때는 1929년 미국발 공황 전후와 1937년 중일전쟁 이후다. 경제 공황이든 전쟁이든 나라가 어려울 때 허리띠를 졸라매야 한다는 차원에서 절약, 대용 운동의 성격을 지니고 국산운동이 전개된 것이며, 식민지 조선에서도 국산, 곧 일본산 애용 캠페인이 활발하게 펼쳐졌다. 경제공황 당시 두드러졌던 소비 훈련은 1930년대 중반 이후 전시기에 들면서 애국운동으로서의 성격을 명확히 했다.

국산애용운동이란 생산에 비해 자유로워 보이는 소비 행위를 국가 경제에 기여하는 방향으로 단속하려는 기획의 일환이었다. 즉 국가의 생산 정책에 발맞추어 추진된 일종의 소비 훈련이라 할 수 있다. 소비를 개인적인 소모나 쾌락에 그치도록 둘 것이 아니라, 국가 경제에 기여하는 방향으로 조직화하고자 한 것이 국산소비운동의 정체다. 자유로운 소비자를 집단화하고 특정 방향을 부여해 무방향성의 소비대중을 국민화하려는 전략이 국산운동에 담겨 있는 것이다.

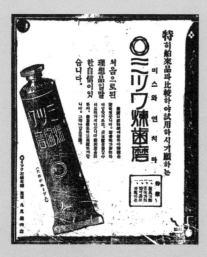

광고 6. "특허 박래품과
비교하여 시용(試用)하시기
원하는 미스와 연치마"
미스와 치약
《조선일보》1928년 4월 9일 자

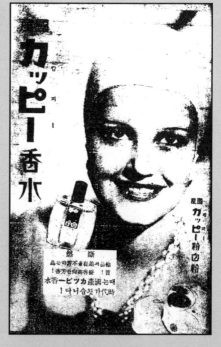

광고 7. "때는 국산 캅피 향수 시대가 왔습니다!"
캅피 향수
《조광》1936년 8월

광고 6과 7은 모두 조선에서 벌어진 일본 제품의 국산 마케팅을 보여준다. "특히 박래품과 비교하여 시용하시기 원하는" 제품이라든가(광고 6) "때는 국산 캅피 향수 시대가 왔습니다"(광고 7)라고 광고하는 제품은 모두 국산 제품임을 내세우지만, 식민지에서 국산이란 일본제를 가리킨다. 조선 제품이 '우리 조선제' 대신 '국산'이라는 말을 쓰는 경우도 간혹 있었지만, 대부분 일본에서 나온 국산 광고가 식민지에도 그대로 유통되면서 '국산=일본산'으로 통하는 경우가 많았다.

조선 제품이 일본제에 대항해 '우리 것'이라는 의미망을 구축해 나간 것과 마찬가지로 일본제는 '수입품'이나 '박래품'과 비교하면서(광고 6) 국산의 의미망을 구축해 나갔다. 박래품과 비교해 일본 제품이 뒤떨어지지 않는다든가, 일본 국산도 질이 좋다는 광고는 흔했다. 일본의 긴쓰루(金鶴) 향수는 "파리제(パリ─製)보다 나은 양품(良品) 국산 최고 기준품"이라고 광고했고, 인단은 "절대로 수입품을 능가하는 국산 우수품"이라고 광고했다.

일본제가 양품에 대항해 의미망을 구축하고, 조선산이 일본산에 대항해 의미망을 구축해 나간 현상은 뚜렷해 보이지만, 실제로는 단순하지 않다. 식민지에서 벌어진 내셔널리즘 마케팅을 '양품 대 일본산', '일본산 대 조선산'이라는 대립 구도로 파악하는 것은 현실과는 맞지 않다. 민족이나 국가의 이해는 기업의 이해, 소비자의 이해와 일치하지 않는다. 또한 상품의 민족색, 국가색을 어떻게 규정할 것이냐 하는 본질적 문제도 남아 있으며, 식민지에서의 정치경제적인 담론 구도가 변화하면서 일본산, 조선산이 다시 정의되는 과정을 거치기도 한다.

먼저 일제강점기 말 정치경제적 지형이 변하면서 '일본산', '조선산'이 재정의되는 과정부터 살펴보자. 조선산과 일본산은 대립적이었지만 꼭 그렇지만은 않았다. 조선산은 일본산에 대립하는 의미로 구축됐지만, 1930년대 중반 이후 제국주의 담론이 확대되는 상황과 맞물리면서 새롭게 의미가 부여된다. 조선을 제국의 식민지에서 나아가 제국에 편입된 지방의 하나로 파악하는 제국주의 이데올로기가 생산과 소비의 경제 담론에도 영향을 미친 것이다. 조선이 제국의 식민지가 아니라 제국의 일개 지방으로 간주된다면 일제에 대항하는 민족주의 담론도 변모할 수밖에 없다. 일본에 대항하는 민족주의 담론과 일본이 내세운 제국주의 담론이 접속하는 역설적 순간은 민족의 번영이 일제로부터 해방되는 것으로 얻어지는 게 아니라, 제국에 편입됨으로써 구가될 수 있다는 데서 비롯된다.

조선이 제국의 구성 요소로서 새롭게 자리매김하는 정치경제적 담론의 변화는 상품 시장에서도 그 흔적을 남겼다. 조선산은 제국에 대항하는 식민지의 토산품이 아니라 제국을 구성하는 지방의 토산품이라고 의미 부여되는 과정이 그것인데, 이 과정에서 조선산과 일본산은 더 이상 대립하지 않는다. 조선산을 개발하고 애용하는 일이 곧 일본 국산을 장려하는 일과 다르지 않게 된다. 일본 국산을 구성하는 요소로서 조선 토산이 편입되는 상황에서 조선제 개발은 곧 일본 국산제 개발이요, 일본 국산제 애용은 곧 조선제 애용으로 연결되는 역설적인 현상이 벌어지는 것이다.

조선산이 일본의 토산품으로 개발되는 상황에서 조선산은 일본산에 대항하는 것이 아니라 일본산을 구성하고 일본산에 포함되는 것으로 판도가 바뀌게 된다. 1930년대에 들어서면서 국산품 전람회, 국산 애용 표어와 포스터 현상 모집, 국책 영화와 강연회가 숱하게 열리고, 국산 애용 팸플릿과 인쇄물이 범람했는데, 이 국산 장려에는 일본산뿐 아니라 조선산의 개발과 애용도 포함되어 있었다. 역설적이게도 일본 국산이 개발되는 과정에서 조선의 기표가 개발, 발전된 셈이다.

일본 국산을 애용하는 차원에서 조선 기표가 개발되는 일은 폭넓게 이루어졌다. 한반도의 자연물은 자연 자원으로 개발됐으며 근대적인 관광 붐을 타고 관광 자원으로도 개발됐다. 조선의 전통 문화유산도 상품화되어 제국의 지방색으로 홍보됐다. 한반도의 민속과 역사, 신화도 과학적 연구의 대상으로 주목받아 활발히 조명됐다. 조선의 문화·경제 자원이 현대화, 과학화되고 정전화(正典化)되는 '근대화'의 과정 속에서 조선과 일본의 기표는 더 이상 대립하지 않고 접속할 수 있었다.

근대화의 바람 속에서 식민지 조선과 제국 일본이 '자연스레' 접속하는 과정은 '친일-민족주의' 담론을 떠올리게 한다. 민족의 이름으로 '친일'을 했다는 친일-민족주의자의 논리는 모순적이지 않다. 친일과 민족은 대립되는 항처럼 보이지만, 친일을 통해 민족의 안위를 보장할 수 있다는 친일 민족주의자의 논리는 조선이 제국의 지방으로 편입됨으로써 민족의 번영을 꾀할 수 있다는 일제강점기 말의 담론을 배경으로 한 것이다. 제국의 발전을 통해 조선의 번영을 꾀한다는 논리가 더 발전하면 일본을 위해 피를 흘리는 것이 곧 민족을 위하는 길이라며 일본 제국주의 전쟁에 참전하기를 독려하는 이광수와 같은 친일주의자이자 민족주의자의 목소리와 연결된다. 따라서 친일 민족주의자를 문제 삼을 때의 핵심은 논리적 모순을 따지는 데 있지 않다. 핵심은 식민지의 억압상을 문제 삼지 않는 근대화에 대한 강박과 열망이 문제인 것이고, '새끼 제국주의자'이자 지배 계급 엘리트로 편승하고자 했던 조선인의 욕망을 점검하는 데 있다.

　일제강점기 말의 정치사회적 지형을 배경으로 해서 상품 시장에서의 국산 담론도 전개됐다. 더 이상 일본산과 조선산은 대립적이지 않은 채 모두 국산으로 묶였고 조선산은 제국의 토산품으로 독려됐다. 국산운동은 1937년 중일전쟁, 1940년 태평양전쟁이 발발하고 수입품이 제한, 금지되면서 다시 한 번 급물살을 타는데, 절약과 대용, 애국적 소비 차원에서 전개됐다. 공식적으로는 1937년 10월 수출입금지제한령이 총독부령으로 공포되고 외래품 수입이 제한되면서[36] 국산은 수입 대용품으로 개발됐다. 물론 이 '국산'에는 일본산뿐 아니라 조선산과 다른 식민지의 토산품도 포함되어 있었다.

　전시기에 물자가 부족했던 조선의 상황은 국산 소비의 현실적인 배경이 됐다. 가령 외국 제품을 들여오기 어려우니까 일본 제품을 쓰라고 한다든가, 일본 제품을 들여오는 일이 어려워졌으니 조선 내의 제품을 쓰라고 하는 식이었다. 광고에서는 "외국품은 절대로 못 들어오기 때문에 복용하고 싶어도 살 수 없"으니까 일본 제품을 이용하라거나, "현재 철도 수송 제한으로 내지(일본) 사입(仕入)은 곤란!"하니 "조선 내 재품(在品)"을 주문하라고 했다.[37] 즉 전쟁으로 외국 제품이 들어오지 못하니 일본 제품으로 대용하라든가, 일본에서 물품을 들여오기 어려우니까 조선 물품을 이용하라는 말이었다.

지금까지 일제강점기 말의 정치경제적 지형 속에서 조선산, 일본산, 국산의 기표가 재구성되는 상황을 살펴보았는데, 국산 기표에 대한 근본적인 문제는 아직 남아 있다. '무엇이 일본산이고 조선산인가, 또한 양품인가' 하는 점이다. 즉 '상품의 민족색, 국가색을 어떻게 규정할 것인가' 하는 문제다. 민족과 국가가 강력한 상상의 산물인 것과 마찬가지로 소비 시장에 적용된 조선산 물품, 일본산 물품이라는 기표 역시 자연스럽지 않으며 별도의 상상과 규정을 필요로 한다.

일본제, 조선제, 양품의 기표는 단일하지 않으며 분리되어 있지 않다. 제품의 민족색이나 국가색을 정의하려는 시도는 그 자체로 활발한 국제 관계와 교류를 전제로 한다. 국제 교류가 활발해지면서 제품의 민족색과 국가색을 정의해야 할 필요가 생긴 것이다. 다시 말해 제품 생산 과정에 들어간 노동력과 기술, 원료, 자본, 유통과 같은 요소를 민족이나 국가 단위로 인위적으로 따져서 조선산이니 일본산이니 하는 가공된 산물로 규정할 수 있다. 예를 들어 원료와 노동력은 조선에서 충당하면서 자본과 기술을 일본이나 외국에서 들여온 경우 조선산이라 할 것인가, 일본산이라 할 것인가 하는 문제가 생긴다.

국제적 접촉이 활발해지면서 상품의 생산과 소비 과정은 더 이상 단일하지 않았으며, 특히 제국과 식민지의 관계로 근대 세계가 재편되면서 생산 시장과 소비 시장은 혼재되어갔다. 일례로 영국산 물품에는 영국이 경영했던 식민지에서 값싸게 착취한 자원과 노동력이 포함되어 있었다. 일본산 역시 마찬가지였다. 일본산에는 조선이나 타이완 같은 식민지를 비롯해 각종 점령 지역에서 착취한 원료와 노동력이 포함되어 있었다.

상품의 민족색이나 국가색은 자연스럽게 주어지는 것이 아니라 별도의 정의를 필요로 한다. 오늘날도 마찬가지다. 한국에서 생산된 과자 한 봉지에도 먼 나라, 이웃 나라의 원료가 다 들어가 있지만 제품은 한국 과자로 인식된다. 국산 규정에 얽힌 난망함을 잘 드러낸 옛 사례가 있다. 1920~1930년대 중국에서 국산운동이 활발하게 펼쳐지던 시기에 중화민국 정부는 국산증명서(國貨證明書)를 따로 발급한 바 있다. 중화민국은 자본, 경영, 원료, 노동의 네 가지 요소를 따져서 7단계로 국산을 구분했다.[38] 조선의 물산운동에서도 조선산을 규정하고자 하는 움직임이 일어나 '순조선 물산'에서 '준조선 물산', '가공 조선 물산', '비조선 물산'으로 구분하여 조선산을 규정하고자 했다.

이제 일본산을 재규정해보자. 일본산이란 일본 제품은 물론이고, 제1식민지인 타이완, 제2식민지인 조선의 제품을 비롯해 일본이 점령했던 동남아시아 여러 나라의 토산이 합류하고 경합했던 산물이라 할 수 있다. 따라서 어떤 물품을 국산으로 생산하고 소비하는 일은 생산자와 생산되는 것, 소비자와 소비되는 것 사이에 놓인 민족주의적 경제 담론[39]을 배경으로 한다. '무엇을 국산으로 규정하며 누구를 국산 소비자와 비애국자로 구분할 것인가'에는 민족주의적 경제 담론이 강력하게 작동한다.

국산 담론은 국민이라는 강력한 공동체적 상상이 상품 시장에 적

광고 8. "동양의 표준 석감"으로 선전한 가오 비누
다양한 산지의 원료(호주의 우지, 남양의 야자유, 만주의 콩기름,
일본 근해의 고래기름 등)가 일본 제품,
나아가 동양의 제품으로 선전된 데는 제국주의적 경제 담론이 작용하고 있다.
《조선일보》 1935년 6월 27일 자

용된 부산물이다. 여기에는 국가의 정책과 기업의 이해, 소비자의 이해가 얽혀 있을 수밖에 없다. 기업의 이해는 민족이나 국가의 이해와 일치하지 않으며, 소비자 역시 마찬가지다. 소비자도 민족이나 국가의 이해와 동일하게 움직이지 않는다. 예를 들어 물산운동은 민족경제운동의 이념을 갖고 있었지만 실제로는 조선인 상공업자를 중심으로 한 민족 마케팅의 성격을 강하게 띠고 있었다. 많은 조선인 상공업자는 민족 마케팅을 통해 이문을 남기는 데 주력했으며, 이것이 물산운동이 수그러들게 된 주요 배경 중 하나다. 민족으로 하나가 되자고 했지만 소비자의 이해와 상공업자의 이해는 일치하지 않았으며, 상대적으로 여유 있는 상공업자와 일반 소비대중의 계급적 이해는 동일할 수 없었다.

조선인 상공업자가 민족 정서를 활용해 이익을 추구했던 것과 마찬가지로 일본 기업도 자사의 이익을 위해 조선인의 민족 정서를 자극하고 활용했다. 일제강점기에 조선의 민족색을 활용한 광고가 단속되고 금지됐던 사정을 고려한다면 특기할 만한 일이다. '배달', '3·1', '동포', '우리 국산', '대한' 등이 조선 제품의 광고에 쓰여 문제가 된 경우는 더러 있었지만, 조선 민족색을 내세운 일본 제품 광고는 별로 문제가 되지 않았던 것 같다. 조선총독부로서는 민족 정서를 활용하는 이런 광고가 달가웠을 리 없었겠지만, 식민지의 행정부와 일본 기업의 이해는 일치하지 않았다. 광고 9와 10은 판매에 효과가 있다면 기꺼이 식민지의 민족 정서를 활용하고자 했던 일본 기업의 마케팅을 보여준다.

일본 국산을 대표했던 식품 중 하나인 아지노모도는 다채로운 홍보 전략을 펼쳤는데, 광고 9는 조선 왕가를 활용한 제품 슬로건을 보여준다. 작은 글씨로 쓰인 '이왕가어용달(李王家御用達)'은 아지노모도의 제품 슬로건으로 한동안 활용됐다. 이왕가 슬로건은 조선인 소비자를 대상으로 하여 몰락한 옛 왕조에 대한 향수를 자극하고 일본어 존칭 접두사 '어(御)'를 써서 조선 왕가에 대한 예의를 보여준다. 이는 식민지 조선에서가 아니라면 사용되지 않았을 일본 회사의 제품 슬로건이며, 조선인 소비자를 겨냥해 만들어낸 슬로건임에 분명하다.

아지노모도와 함께 손꼽히는 일본의 대광고주였던 인단은 백두산 사진을 활용해 광고를 했다(광고 10). 백두산은 민족의 영산으로 설명되고 있다. "조선 제일의 영봉, 세계 제이의 상비약"이라는 문안은 광고 수용자의 정체성을 조선 민족으로 호출하는 동시에 일본 제품의 소비자로 호출한다. 그래서 일본 제품을 쓰는 조선인 민족주의자라는 모순적 양태가 별 무리 없이 성립된다.

결론적으로 말하자면 민족 마케팅은 폭이 넓었다. 조선 기표를 활용하는 것이 효과적인 홍보 전략이 된다면 조선 기업이든 일본 기업이든 광범위하게 활용해 물건을 팔았다. 민족주의적 발로나 애국심 발휘만으로 민족산, 국산의 기표는 해명되지 않는다. 물산운동 차원에서 일본제에 대적하고자 조선제를 내세우는 것은 민족 마케팅의 한 가지 사례에 해당한다고 할 수 있다. 조선 기표는 광범위하게 쓰였으며 민족주의적 차원에서 쓰인 것은 그중 한 사례에 해당하는 것이다.

기업의 이해가 민족주의나 국가주의 이데올로기에 따라 움직이지 않는 것처럼 소비자도 마찬가지다. 소비의 자유는 국산 애용의 의무를

광고 9. 조미료
아지노모도의 제품 슬로건인
"이왕가에서 사용하시던
조미료(李王家御用達
味の素)"가 특징적이다.
광고에서 상표와 제품
슬로건만 잘라낸 형태다.
아지노모도
《조선일보》1937년
9월 25일 자

광고 10. 소화제 인단은 백두산
사진을 넣고 "조선 제일의 영봉, 세계
무이(無二)의 상비약"이라는 문안을
썼다. 사진 하단에는 "백두산 탐험 비행
촬영"이라는 캡션이 붙어 있다.
인단
《동아일보》1936년 8월 23일 자

쉽게 넘어선다. 소비자와 국민은 동일하지 않으며, 조선 민족이라고 조선산을 선호하는 것은 아니다. 근대에 들어 새롭게 요청된 존재인 소비자와 민족, 국민의 정체성은 동일하지 않다. 자본주의 생산 경제를 뒷받침하는 소비자라는 존재 그리고 신분 질서를 대체해 상상된 새로운 동일체로서의 민족과 국민은 일치할 수 없다.

독일의 철학자 발터 베냐민(Walter Benjamin)은 '급속도로 확대되는 시장은 특정 계급에 속하지 않는 소비대중을 만들어내고, 이 소비대중은 국민국가의 공동체가 주조되는 빈 주형(鑄型)이 된다'고[40] 말한 바 있다. 국민이라는 공동체로 사람들이 호명되는 데는 사람들이 소비대중이라는 무방향적 집단으로 조직되는 과정이 선행된다. 이후의 국민화 과정은 소비의 자유를 통해 개별화되고 '합리화'된 사람들을 '재주술화'하는 과정이라고 할 수 있다.[41] **하지만 소비자는 국민이 아니다. 정확히 말하면 국민은 소비자지만, 소비자는 국민이 아닐 수 있다. 소비자는 국민 집단보다 넓고 개별화되어 있다.**

단적으로 말해 애국은 소비의 자유를 정복하지 못했다. 일제강점기 말 전쟁이 진행되면서 수입품을 구하기가 어려워지고 국산을 애용하자는 목소리가 높아졌어도 사람들은 국산을 소비하는 애국 국민으로 단일화되지 않았다. 국산애용운동이 한창인데도 프랑스제 같은 외제가 좋다는 사람은 존재했다. 박태원이 1941년 쓴 장편소설《여인 성장》에는 1930년대 후반 전시기에 접어들면서 국민화가 강요되던 총후(후방)의 분위기가 묘사되어 있는데, 프랑스제가 좋다는 자유로운 소비자가 등장한다. 소설의 등장인물인 숙경은 애국적 소비와 절약이 강요

95

되든 말든 프랑스제 코티 백분이 좋다고 하는 상류층 여성 소비자다.[42]

비애국적인 소비자는 국적(國敵) 내지 비국민으로 간주됐다. 일제 강점기 말 국민화가 강요되던 제국주의 전쟁 시기에는 국가의 적으로서 다양한 비국민이 규정됐는데, 낭비하는 소비자도 비국민에 포함됐다. 절약과 국산 애용이 강조되는 분위기 속에서 유흥을 따르고 낭비와 무질서를 구가하는 사람으로 규정된 것이다. 하지만 비애국적 소비자는 사실상 특별한 계급에 한정되어 있지도 않고 특정 성(의싱)에 한정되지도 않는다. 낭비나 사치, 자유로운 소비나 불온한 행위가 특정 계급이나 특정 성에 나타나는 행동양식이 아니기 때문이다. 절주나 금연에 반발하는 사람, 멋 부리는 사람, 할리우드 영화를 못 보는 게 불만인 사람, 룸펜이나 걸인들은 많았으며, 이들은 가장 일상적인 비국민의 유형에 속했다.

박태원의 소설 속에서 낭비하는 인물이 드러내는 점은 국민은 소비자지만 소비자는 국민이 아닐 수 있다는 사실이다. 소비대중으로 집단화되는 과정을 토대로 국민화라는 특정 방향의 집단화가 가능해지지만, 그렇다고 소비자와 국민이 동일해지지는 않는다. 소비자와 국민은 일치하지 않으며 기업과 국가의 이해가 일치하지 않는다는 사실은 자본주의 경제를 구성하는 소비자이자 노동자, 기업, 국가의 관계를 질문하는 흥미로운 화두다. 특히 일제강점기 말에 해당하는 전시기는 제2차 세계대전이라는 자본주의의 소모전이 전개되는 가운데 국가 주도의 자본주의화가 두드러졌던 시기이므로 대중의 국민화 양상이 특징적으로 드러나는 시기다.

전시기에 국민화의 과정은 사상적, 사회적, 문화적인 면을 망라해 전방위로 진행됐는데, 경제적인 면에서 생산과 소비의 국민국가화도 강조됐다. 일본 제국주의는 식민지를 전쟁에 동원하기 위한 생산 증강 정책을 1931년 만주사변 이후 1945년까지 계속된 '15년 전쟁기' 동안 이어갔다. 만주사변, 중일전쟁, 태평양전쟁에 각각 대응해 추진된 농공병진 정책, 병참기지 정책, 결전경제 재편성 정책이 그것이다.[43] 생산 정책과 함께 이를 뒷받침할 만한 소비 정책도 추진됐다. 소비는 특히 일상적인 캠페인 차원에서 부각됐다. 일제강점기 말 조선에서 벌어진 각종 생활 캠페인에서 "가장 적절하고 긴급한 것"으로 "생활 혁신"[44]이 꼽혔고, 생활 혁신의 중심에는 소비가 있었다.

전근대인이 새롭게 개별화되고 집단화되는 데 소비 행위가 그 핵심에 있었던 것과 마찬가지로, 소비하는 근대인을 국민으로 재주술화하는 과정에서도 소비에 대한 훈육과 통제는 중요했다. 근대화 과정에서 일상의 소비 행위를 통해 개별화된 사람들은 동시에 익명의 소비대중으로 집단화되는 과정을 거쳤는데, 익명의 소비대중은 국민이라는 동일체와 비교해볼 때 방향성이 없었다. 전시기에 대중의 무방향성을 국민화라는 일방향으로 재집단화하는 과정이 다각도로 진행되는 가운데, 소비를 규율하고 통제하는 일도 빠지지 않았다. 자유로운 소비 행위를 절약과 국산 애용이라는 특정한 소비 행태로 규율화하는 데 일상의 국민화 캠페인은 공을 들였다.

얼핏 보면 소비는 자유로운 행위이며 국민화 과정은 통제적으로 보이지만 그렇지만은 않다. 소비 행위는 자유로워 보이지만 어디까지나 자본주의적 생산을 뒷받침하는 방향으로 규율되고 훈육돼왔다. 또한 소비 행위를 통해 사람들이 개별 주체로 분화하는 과정은 동시에 익명의 무리인 소비대중으로 집단화되는 과정이기도 하다. 소비대중을 국민화하는 과정 역시 일방적으로 진행되지는 못하는데, 국가는 대중의 욕망뿐 아니라 자본의 욕망과도 얼마간 타협하고 합의를 보아야 했기 때문이다. 비상시국에도 자본의 이해는 돌아가게 마련이며, 소비와 욕망은 멈추지 않는다. 오히려 암울했던 전시기 상황에서 유흥과 오락, '명랑'의 정서가 고조되는 현상이[45] 두드러지기도 했다.

따져보면 소비대중의 국민화가 겨냥했던 목표는 일상적인 소비 행위가 생산력 향상에 기여할 수 있도록 하는 데 있었고, 궁극적으로는 소비를 단속하고 생산력을 향상해 전쟁이라는 자본주의의 소모전을 잘 치를 수 있도록 하는 데 있었다. 전쟁은 시장의 가장 큰 소비자로 시장이 요구하는 외부로서 기능한다.[46] 1931년 세계공황은 자본주의의 파국이 아니라 자본주의의 필수적인 운동이었으며, 이를 해소하는 대안으로 전쟁이라는 큰손이 요청됐다. '1930년대의 대공황은 끝나지 않았으며 1940년대의 총력 동원 체제 속으로 사라졌을 뿐'이라는 미국의 경제학자 존 케네스 갤브레이스의 말은[47] 그래서 인상적이다. 국가 정체성은 자본주의적 근대화가 만들어낸 차이와 분열, 불안정을 통합할 대안으로 요청됐지만, 사실상 가장 자본주의적인 기획이라고 할 수 있다. 결국 국가주의 전략이 시장을 돌리고 유지하기 위한 강력한 전략으로 기능했다는 점에서 그렇다.

일제강점기 말 전시기의 소비와 자본의 문제를 들여다보면 오늘날 시장에 복무하는 방향으로 국가의 기능이 돌아가는 신자유주의적 상황이 예견되기도 하고, 금융자본주의에서 벌어지는 새로운 소모전도 눈에 띈다. 자본이 자유를 얻은 신자유주의 시대에 외환위기는 반복되고 있으며, 위기에 잇따라 처방되는 IMF의 정례화된 해법으로서의 구제금융과 긴축정책의 패키지는 전 세계적인 '부채전쟁'을 부추기고 있다. 홍석만과 송명관은 《부채전쟁》에서 오늘날 반복되는 금융위기와 부채를 둘러싼 세계 전쟁의 양상을 인상적으로 논의한 바 있다.

# 도안:
## 모델로 제시된
## 이상적
## 근대인들

# 2:

광고의 도안은 눈길을 끈다. 문자보다는 그림이나 사진이 광고 수용자의 눈에 먼저 들어오며, 사람들의 감각에 직접 작용한다. 광고의 시각 기호 중에서도 인물 모델은 이상적으로 제시된 인물의 이미지를 제품에 전이하면서 제품의 이미지를 확장하는 역할을 한다. 1920년대 이후 인쇄 기술이 발달하면서 광고의 도안이 늘어나고 광고 모델도 다양하게 제시되기 시작한다.

"연령을 근거로 한 자본으로부터의 탈락에 대한 불안"
— 볼프강 F. 하우크, 《상품미학 비판》, 155쪽

# 늙은 모델은
# 설 자리가 없다

광고에 등장하는 모델은 눈길을 끈다. 광고에 등장하는 인물의 이미지는 제품에 전이되면서 제품의 이미지를 보강하고 확장한다. 고급 아파트 광고에는 안정적이고 품위 있어 보이는 배우의 이미지가 쓰이고, 청량음료 광고에는 인기 아이돌의 참신한 이미지가 흔히 쓰인다. 광고에 모델이 활용되는 경우는 크게 두 가지다. 제품 사용 후 긍정적인 가치를 획득한 모범으로 제시되거나, 아니면 앞으로 해당 제품이 필요한 사람으로 제시되거나. 제품이 필요한 사람이란 곧 제품을 소비해 '즐거운 미래'를 약속받을 사람이다. 광고 속 인물은 이미 소비의 효과를 본 현재형이거나 곧 효과를 보게 될 미래형으로 제시된다.

　광고 모델이 미래형으로 제시될 경우 광고 수용자는 잠재적 소비자로 지목되어 미래에 즐기게 될 주체로서의 모델과 상상적인 결합을

한다.' 미래형 모델이 아니라 이미 긍정적 가치를 체득한 모범적 선례로 제시된 경우라면 사람들은 광고 모델을 보면서 소비 행위가 보장하는 이상적인 모습과 자신을 동일시하는 대리 체험을 한다. 이미 긍정적 가치를 전유한 모델과 동일시하면서 소비가 가져다줄 긍정적 미래를 현재화하는 상상 체험을 하는 것이다.

옛 광고에서 모델은 도안의 비중이 커진 이후에 등장한다. 1880년대 후반 한반도에 첫 상업 광고가 등장한 이후 광고의 가짓수로만 따지면 문안 위주의 광고가 많았다. 그러니까 글자가 빽빽한 소규모 광고가 신문과 잡지에서 절대 다수를 차지했다. 하지만 1920, 1930년대로 넘어가면서 인쇄 기술의 발달로 그림이나 사진과 같은 도안이 꾸준히 늘어난다. 도안이 증가하는 데는 상품에 대한 개별 정보를 소개하기보다는 이미지를 통해 사람들의 심리와 욕망, 감각을 공략하는 쪽이 안정적인 판매를 꾀할 수 있다는 전략도 작용했다. 개별 제품의 정보를 홍보하기보다는 사람들의 심리와 욕망을 건드려 소비자로 바꾸어놓을 수 있다면 제품의 판로는 좀 더 안정적으로 확보될 수 있기 때문이다.

문자 기호에 비해 시각 기호의 설득력은 감각적이면서도 폭발적으로 작용한다. 시각 기호는 문자 기호와 달리 합리적인 표지가 없어서 독자의 감각에 직접 작용하며 문자 기호보다 빠르게 눈에 들어온다. 더욱이 문맹이 많았던 당시 상황을 감안하면 시각 기호의 힘은 셌다. 식민지 조선에서는 일본어를 비롯해 영어, 한자, 한글까지 섞여 있는 다중 언어의 상황이 펼쳐졌으므로 복잡해 보이는 광고 문안보다는

광고 1. 아기 모델을 내세워 어머니의 소비를 촉구하는 가오 석감(비누)
《조선일보》 1934년 5월 15일 자

광고 2. 넥타이 차림의 남성을 모델로
한 위장약 노루모산
《조선일보》 1938년 9월 15일 자

광고 3. 젊은 여성을 모델로 한
소화제 인단
《조선일보》 1940년 2월 3일 자

간단하고 선명한 도안이 더욱 위력을 지닐 수 있었다. 소규모 광고주는 신문이나 잡지 지면에 최대한 빽빽하게 설명을 집어넣고자 하는 경우가 많았지만, 넉넉한 자본으로 지면을 넓게 쓸 수 있었던 대규모 광고주는 그림이나 사진과 같은 시각 기호를 활용해 제품을 홍보했다.

시각 기호로는 사진보다 그림이 많이 쓰였다. 기술의 한계로 사진보다 그림이 더 많이 활용된 것인데, 그림은 사진보다 시각적 충격이 덜한 대신 상상력을 자극하는 효과가 높다. 광고에 등장한 인기 모델로는 아기, 어린이, 젊은 여성, 젊은 남성을 꼽을 수 있다. 광고가 겨냥한 표적 시장(target market)의 주체를 성이나 연령, 지역별로 파악했을 때 성별을 따지자면 남성보다 여성이 우세했고, 지역별로는 시골 사람보다 도시 사람이 우선이었으며, 연령대로는 노인보다 젊은 층이 소비 주체로 뚜렷하게 부상했다.

연령과 성의 위계에서 가장 억눌려 있던 아이와 여성은 상품이 펼쳐낸 소비민주주의 시장에서 득세했다. 민족주의적 관점에서 민족의 미래로 호명됐던 어린이와 그 양육자인 어머니는 상품 시장에서는 건강한 영유아와 현명한 주부 소비자의 모습으로 제시됐다. 중상층 계급을 중심으로 여성은 가계 소비의 주체로 호명되면서 아이용품의 구매를 통해 현명한 육아를 담당하는 책임자로 제시됐다. 비누 광고는 목욕하는 아이의 사진과 함께 "어머님네는 아시고 계십니까"라는 표제를 써서 상품 구매자로 어머니를 호출했다(광고 1). 많은 상품은 광고에 아이 모델을 써서 어린아이를 제품의 사용자로, 어머니를 제품의 구매자로 각각 호출했다.

'어린이-어머니' 쌍과 함께 특징적인 것은 남성이든, 여성이든 노인보다는 젊은 모델이 광고를 점령했다는 점이다(광고 2, 3). 젊음은 상품 미학에서 보았을 때 바람직한 모범이자 욕망의 대상으로 제시된다. 급변하는 사회에서 노년의 지혜나 연륜으로 상징되는 공동체의 관습과 윤리는 크게 시세가 없었으며, 그 대신 새로운 기술과 지식에 대한 욕구가 드높았다. 사회의 주역이자 생산 인구로 부각된 젊은 세대는 새 시대의 변화에 빠르게 적응했다. 젊은이는 변화에 유연하며 유행에 민감하다. 사회 활동의 주체로 부각된 젊은이에게 요구되는 지식과 기술, 외양과 교양은 여럿이므로 지식 상품과 문화상품, 미용용품에 대한 필요도 높았다.

연령의 위계 속에서 눌려 있었던 젊은이가 주목받을 수 있었던 또 다른 이유는 화폐경제가 돌아가기 시작하면서 "연령을 근거로 한 자본으로부터의 탈락에 대한 불안"[2]이 생겨났기 때문이다. 자본주의 사회에서 젊은이는 주요 생산력으로 훈련받고 기능한다. 반면 미성년인 어린이와 젊음을 상실한 노인은 각각 아동기와 은퇴기로 지목되어 시장의 중심이 아닌 주변에 위치될 운명을 맞는다. 특히 아이는 미래의 잠재력이라도 지니고 있지만 젊음을 상실했다고 여겨지는 노인은 생산력도 없고 따라서 소비력도 쭈그러드는 존재로 평가절하되기 십상이었다.

노인이 평가절하되는 현상을 반영하듯이 광고 시장에서 늙은 모델은 별 시세가 없었다. 젊고 싱싱한 모델이 화려한 설득 전략의 선두에 서 있었으며, 노인이 등장하는 경우는 예외적이었다. 신제품은 노

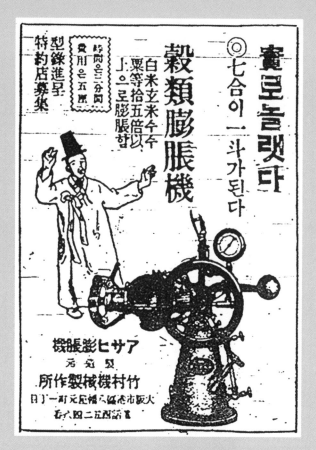

광고 4. 뻥튀기 기계에 놀라는 두루마기 차림의 노인이 등장하는 광고
아사히 팽창기
《동아일보》1932년 2월 5일 자

광고 5. 시골 영감과 서울 청년이 문답하는 약국 광고
재생당약방
《조선일보》 1921년 4월 25일 자

인보다 젊은이에게 필요가 높을 것이며, 젊은 모델의 활력은 신제품의 이미지를 보조한다(광고 2, 3). 광고 4와 5는 노인이 등장한 흔치 않은 사례에 속하는데, 광고 속 노인은 특정한 역할을 부여받은 상태다.

광고 4에서 두루마기에 갓을 쓴 노인 모델은 기계의 위력에 놀라는 역할을 부여받았다. 곡류 팽창기라는 이름의 요상한 기계는 오늘날의 뻥튀기 기계다. 합(홉), 두(말)라는 옛 도량형을 따져 '7합이 1두가 된다'는 문안을 풀자면 곡물이 열 배 이상 뻥튀기된다는 뜻이다. 기계의 위력에 놀라는 노인 모델은 다큐멘터리 영화 〈북극의 나누크〉(1922)에서 축음기를 신기하게 쳐다보는 원주민을 연상시킨다. 기술의 집약체인 상품 앞에서 놀라는 사람은 새로운 스타일보다는 옛날 스타일이 어울리고, 젊은이보다는 노인이 어울린다. 상품의 세례를 받기 전의 계몽되지 못한 상태로 제시되어야 광고 속 역할에 제격일 터이다.

광고 5의 내러티브에서 젊은이와 노인은 선명하게 대비되어 있다. 약국 광고에서 약국을 묻는 사람과 정보를 알려주는 사람은 각각 시골 영감과 서울 청년이다. 이 내러티브를 뒤집어서 청년이 노인에게 정보를 묻는 역할로 등장한다거나, '시골 영감-서울 청년'의 짝패 대신 '시골 청년-서울 노인'의 짝패가 모델로 제시된다면 좀 어색할 것이다. 도시적이고 세련된 사람이 젊음과 연결되고, 촌스럽고 뒤처진 시골 사람이 늙음과 연결되는 관습적 도식이 작용하기 때문이다. 젊음과 늙음, 도시와 시골, 세련과 구태의 이분법이 소비자가 탄생하던 당시에 생겨나고 있었다. 광고 속에서 시골 영감의 행색은 갓과 두루마기 차림으로, 서울 청년의 행색은 모자에 신식 양복 차림으로 대비되어 있다.

두 사람의 자세를 살펴봐도 몸을 기울인 노인보다는 꼿꼿한 자세를 취한 젊은이 쪽이 '합법적인 발화자'라 할 수 있다. 광고에 두 사람이 등장할 경우 주어진 담화에 대한 권한이 부여된 발신자는 합법적인 발화자요, 수신자는 합법적인 발화자의 권한을 인정하고 정보를 믿게끔 되어 있는 사람이다.[3] 이 광고에서 합법적인 발화자는 젊은이요, 발화자에 따라 인도되는 수신자는 노인이다. 실제로 광고에서 담화를 시작한 쪽은 시골 노인이지만, 답을 제시하는 쪽은 서울 청년이며, 이들의 차림새와 자세는 이미 약속되어 있다.

그나마 남성 노인은 광고에 간혹 등장하는 편이다. 곰방대를 문 할아버지 대신에 궐련을 든 신식 할아버지가 담배 광고의 모델로 제시된다거나, 양복 광고에 '중후한' 중년 신사가 등장하는 경우가 대표적인 사례. 특히 중후함의 이미지가 여성에게 주어지는 경우는 극히 드문데, 바깥 활동을 담당하는 사회의 주된 역할로 남성이 우선적으로 요청된 탓이다. 여성 존재는 가정이라는 테두리 안에서 규정되면서 사적이고 감정적으로 간주되기에 중후함이라는 일상적 권위를 좀처럼 획득하기 어렵다.

나이 든 남성의 권위가 긍정적으로 작용하는 경우는 또 있다. 의약품이나 학습서 같은 상품 광고의 경우 노년의 남성 과학자가 등장해서 제품의 과학성과 전문성을 보장하는 권위의 주체로 제시되기도 했다. 발달된 과학의 권위자로서 나이 든 남성이 상정된 것이다. 남성 과학자가 주로 백인이거나 일본인이라는 점도 특징적인데, 이는 권위의 발원지에 대한 인종적, 민족적 구획을 잘 보여준다. 여성의 경우 중후함을 박탈당한 것과 마찬가지로 기술적 권위의 주체로 제시될 확률도 극히 낮았다.

광고에 비남성 노인은 거의 등장하지 않는다. 나이 든 여성의 경우는 자녀를 양육하는 어머니 상에 국한됐다. 특히 젊은 여성이 광고에 넘쳐나면서 나이 든 여성은 설 자리가 없었으며, 일부 노년 남성처럼 권위의 주체로도 등장하지 못했다. 신분의 차별도, 남녀의 차별도 없어진 새 세상이 왔다고 했지만, 여전히 오랜 가부장제의 관습이 여성을 가정의 테두리 속에 가두었기 때문이다. 소수의 여성이 '신여성'으로 교육받고 많은 여성이 하층 노동자로 일했던 시대적 변화 속에서도 여성 존재는 옛 삼종지도, 즉 어릴 때는 아버지, 혼인 후에는 남편, 사별 후에는 아들을 따르는 관례에 따라 규정되는 게 일반적이었다.

노인은 비인기 모델이었지만, 그렇다고 시장에서 노인이 버려졌다고 볼 수는 없다. 노인이 버려졌다기보다는 젊음을 추구해야 할 존재로서 요청됐다는 편이 정확하다. 늙음의 가치는 가차 없이 평가절하되지만, 늙음이 상품 소비를 통해 충분히 극복될 수 있어야 시장은 확대될 수 있기 때문이다. 늙음은 젊음을 상실한 부정적인 상태로서 치유되고 개조되어야 할 병적 상태로 전제된다고 할 수 있다. 노인은 그 자체로는 인정받지 못하며, 모든 노인에게는 젊음을 희구하고 젊음을 흉내 낼 것이 기대된다. 젊음은 누구나 획득해야 할 소망스러운 가치로 제시되며 상품을 통해 충분히 획득 가능하다. 더 이상 젊지 않은 노년은 의복이나 의료용품, 스포츠용품과 같은 다양한 상품 소비를 통해 유사 젊음을 장착할 수 있다. 노인이 노년 그대로를 인정받지 못하고 젊음을 희구해야만 가치를 인정받을 수 있다고 할 때 그 가치란 상품가치에 다름 아니다. 오늘날에는 상상적 100세 시대를 맞이하여 구매력 있는 노년을 겨냥한 광고나, '젊은 감각'을 갖춘 노년 모델이 점점 늘어나고 있다.

자본주의가 상찬하는 젊음의 가치는 모든 이에게 무겁게 주어져 있다. 젊은이든 늙은이든 누구나 시간을 살며 늙어가기 때문이다. 젊은 날에는 젊음을 모른다. "젊은 날엔 젊음을 모르고 사랑할 땐 사랑이 보이지 않았지"라는 대중가요의 노랫말이 있다. 노년이 눈에 들어오기 시작하면 젊음보다는 노년에 가까워지는 때가 온다는 방증이다. 필자도 눈에 들어오지 않던 노년의 면면이 마음 쓰이기 시작했다. 노인 빈곤층 비율이 높은 이 사회에서 노인이 '프리라이더'라고 매도되는 장면을 목도하면 더욱 그렇다. 수명 연장의 꿈이 현실화되고 있지만, 빈곤이라는 사회적 배제가 횡행하는 상황에서 100세 인생은 축복보다는 재앙에 가깝다.

노인의 빈곤을 둘러싼 사회구조적 문제를 배경으로 노년의 불안은 가속화된다. 연륜은 그 경험과 지혜를 인정받지 못하고 자본으로부터의 탈락 가능성을 둘러싼 위험과 불안을 암시한다. '인생은 60부터'라는 말은 100세 시대의 미래에 바탕을 둔 수사지만, 노년 그대로의 가능성과 가치를 긍정하기보다는 젊음을 모사하는 길밖에는 남아 있지 않은, 안쓰러운 노년을 떠올리게 한다.

젊다고 젊게 사는 게 아니고 늙었다고 꼭 늙은 것이 아닌데, 물리적 연령과 정신연령은 폭력적으로 동일해져 있다. 아니, 그보다도 젊음의 가치가 자본주의 사회에서 지나치게 상찬되는 게 문제다. 따지고 보면 젊음도 그 생산 가능성을 기준으로 쓸모를 인정받는 것이지, 그 자체로 존중받고 있지 않다. 생산력과 소비력을 기준으로 인생이 판가름되기보다는 삶의 방향과 가치가 더 중요해지고 존중받을 수 있는 사회가 되면 좋겠다. 시장에서의 가치 말고도 인생에서 중요한 것들은 많으니까 한 가지 자본주의적 가치로 삶을 재단하는 것은 불합리하다.

"약 5000년 동안 남성은 재현 주체였고,
여성은 재현 대상이었다. 남성은 사람이지만, 여성은 여성이다."
— 정희진,《페미니즘의 도전》, 73쪽

# 여성적 혹은
# 남성적 모델

광고에 등장하는 인물은 가공되어 있다. 젊은 여성이 그려지는 방식, 나이 든 남성이 그려지는 방식, 어린아이가 그려지는 방식이 따로 존재한다. 연령에 따라 모델이 제시되는 유형이 있듯이, 광고 모델도 성별에 따라 다르게 제시된다. 성에 대한 사회문화적 인식이 시장의 생리, 광고 예술의 문법과 만나 사람들의 욕망을 반영하고 재생산한다. 남녀의 구분은 얼핏 자연스러워 보이지만, 인간이 남성과 여성으로 양분되고 각각 남성성과 여성성이 부여되는 과정에는 사회문화적 성으로서의 젠더와 섹슈얼리티에 대한 인식이 작용한다. 눈만 돌리면 마주치는 광고 예술 속에서 관례화된 이상적 여성상과 남성상이 재생산되고 있다.

## 남성적 모델

광고에 등장하는 남성 모델과 여성 모델은 차라리 '남성적 모델'과 '여성적 모델'로 일컫는 게 타당하다. 자연의 다양한 성별에 기반을 둔 것이 아니라 사회문화적 성별에 기반해 기능적 여자다움과 기능적 남자다움이 짝을 이루는[4] 상황을 반영하기 때문이다. 흔한 남녀 구별이나 음양의 구분은 자연스러워 보이지만, 그렇지 않다. 이는 무성이나 혼성을 배제하고 남성, 여성으로 양분한 후 각각에 남성다움과 여성다움을 인위적으로 부여한 결과이기 때문이다. 즉 A는 A의 고유한 속성 때문에 A로 규정되는 게 아니라 B와의 차이 때문에 의미를 지니는 기호가 되며, 다양한 성별을 두고 여성다움을 지닌 여성, 남성다움을 지닌 남성으로 양분하는 데서부터 사회문화적 구분이 작동한다.

한국어 문법에는 남성명사, 여성명사의 구분이 존재하지 않지만, 실생활의 언어는 관례적 성별 인식을 반영한다. 미인은 여성을 가리키지, 남성에게 주어지는 명사가 아니다. 남성은 '잘생겼지만', 여성은 '예쁘거나' '아름답다'. '씩씩하다'는 남성에게 걸맞은 수식어이고, '싹싹하다'는 여성에게 걸맞은 수식어다. '저 남자는 씩씩하다', '저 여자는 싹싹하다'에서 씩씩함은 남성다움으로, 싹싹함은 여성다움으로 통용되며, 나아가 여성이 싹싹한 태도를, 남성이 씩씩한 모습을 요구받는 데는 젠더 구분이 작동한다.

젠더는 생물학적 자연에 기반한 성(섹스)과 구별하여 사회문화적으로 규정되는 성을 가리킨다. 젠더 가운데서도 성적인 것을 일컫는 통칭으로는 '섹슈얼리티'를 쓴다. 성(性)이라고 통칭되지만 생물학적

섹스, 사회문화적 젠더와 섹슈얼리티를 구분해서 쓸 필요가 있다. 흔히 젠더는 사회문화적 성으로 번역해 쓰고, 섹슈얼리티는 성정체성으로 번역해 썼는데, 최근 들어 '섹스', '젠더', '섹슈얼리티'라고 그대로 쓰는 경우가 많다. 성정체성으로 번역했던 섹슈얼리티 역시 사회문화적 영역에 속하는데, 섹슈얼리티에서 남성이니 여성이니 하는 성 규정도 인위적 규정에 해당하기 때문이다.

광고 속에 그려진 남성과 여성은 당대의 지배적인 젠더와 섹슈얼리티의 구분을 반영한다. 광고에는 '남성답게' 그려진 남성, '여성답게' 그려진 여성이 모범적으로 형상화되어 있다. 먼저 남성부터 살펴보자. 근대 광고에 이상적 모델로 제시된 남성상은 사무가 유형과 근육질 유형으로 정리할 수 있다. 먼저 사무가 유형부터 보면 신지식을 습득해 새로운 사회 변화에 적응한 비즈니스맨이나 샐러리맨은 이상적인 신랑감이라고들 했고 모범적 근대인의 상에도 잘 들어맞았다. 광고 속에서 사무가는 양복과 안경, 모자, 단장과 같은 장신구를 갖춘 양화(洋化)된 남성으로 형상화되어 시대를 앞서가는 경쟁과 효율, 합리와 진보, 성공을 상징했다.

광고에는 지력과 사회경제적 능력을 갖춘 사무가 모델 이외에도 신체적 강인함을 갖춘 근육질 모델이 곧잘 등장했다. 잘 훈련된 건강한 신체는 바람직한 근대인의 모습과도 잘 맞는데, 의학 기술의 발달로 개선된 신체 건강을 나타내며 근대적 규율과 훈육의 결과물이기도 하기 때문이다. 오늘날로 말하자면 '짐승남'이라고 할 만한 개조된 신체는 강인함, 건강함의 이미지를 통해 생산력과 전투력을 상징했다. 근육질 남성과 양복 차림의 사무가 남성은 각각 우월한 체력과 지력을 상징하는 바람직한 근대인의 두 가지 유형이라 할 수 있다.

광고 1에는 이상적 근대 남성상인 사무가가 등장한다. 안약 광고는 시대적으로 권장되는 바람직한 외형의 남성을 등장시켜 신상품의 이미지를 증폭하고자 했다. 남성의 외양은 인상적이다. 포마드를 바른 2 대 8 가르마 머리에다 와이셔츠와 넥타이, 양복을 갖춰 입고 안경, 전화, 만년필을 장착했다. 장착했다는 표현은 과장이 아닌데, 당시에 안경이나 양복과 같은 물품이 모두 신문물로 소개됐던 시절임을 고려하면 그러하다. 잘나가는, 폼 나는 엘리트 남성은 신식의 외양 기호로 채워져 있다.

잘나가는 남성의 정체는 "사무가, 학생 제위의 보안에!"라는 제품의 표제어와 "비즈니스맨과 대학생(BUSINESSMEN AND COLLEGE BOYS)!"이라는 사진 캡션에 구체화되어 있다. 비즈니스맨과 대학생이 그들이다. 남성이 장착한 양복이나 안경, 만년필처럼 광고 상품인 안약 역시 신문물에 속하며, 그에 따라 신제품 이미지에 걸맞은 신식 남성이 모델로 등용된 것이다. 광고는 소비자가 해당 상품을 구입한다면 사무가나 대학생과 같은 신식 남성의 반열에 올라설 수 있다고 설득한다.

사무가 남성과 함께 모델로 많이 쓰인 유형은 신체 건강한 남성이었다. 광고 10(139쪽 참조)은 약 광고에 등장한 건장한 남성을 보여준다. 상반신을 노출한 근육질 남성은 의약품이나 식품 광고에 많이 쓰여 제품이 지향하는 건강을 상징했다. 광고 10에서 모델의 시선을 따라 광고 수용자의 시선이 이동하면 광고 최상단에 위치한 상품을 우러러보게 되는데, 이는 상품에 대한 경배와 상품 물신을 진하게 암시한다. 상품이 건강의 근대적 가치를 가져다주는 절대적 존재로 형상화된 도안은 흥미로운데, 광고라는 설득 기술의 목표를 명백하게 시각화한 셈이기 때문이다. 해당 도안은 '모든 것이 상품으로 통하며 당신이 소비자가 된다면 무엇이든지 가능하다'는 광고의 설득 논리를 시각화하여 제시한 셈이다. 건강한 근육질 남성은 특히 중일전쟁(1937)이 본격화되는 전시기가 되면 광고에 자주 등장하여 국가주의적 관점에서의 노동력과 전투력을 상징했다.

물론 근육질 남성은 국가주의적 관점에서만 상찬되는 것이 아니다. 근육질 남성은 훈련된 노동력이자 전투력의 상징일 뿐만 아니라 소비 시장에서도 권장됐다. 근육질 신체는 육체자본을 획득한 최고의 형태로 잘 상품화된 모범적 신체다. 근육은 저절로 생기지 않는다. 비자연적인 근육질 몸매는 자기 절제와 훈련의 결과물로, 식단 조절과 각종 운동용품을 필요로 한다. 오늘날 '초콜릿 복근'이나 'S라인'의 몸이 미디어에 자주 노출되면서 현대인은 배가 둥글다는 사실을 인지하지 못한다. 현대인에게 복부는 단단한 근육이 있거나 매끈해야 할 대상으로 여겨지면서 둥글고 튀어나온 자연의 배는 돌연 죄스러워졌다. 소비주의를 설파했던 100여 년 전의 광고가 오늘날 권장되는 신체의 초기 형태를 보여준다.

근육질 몸이나 비즈니스맨의 외양으로 등장한 남성 외에 제품의 긍정적 효과를 보여주는 다른 남성 유형도 있었다. 광고 속 모델이 모범적 선례로 제시되는 경우가 아니라, 제품의 효과를 보장하는 권위의

광고 1. 넥타이 차림의 전형적인 남성 사무가가 근대적 제품을 장착한 모습
로도 안약
《조선일보》 1937년 7월 29일 자

주체로 제시된 경우가 그것이다. 과학자나 학자, 기술자 같은 전문가 모델이 대표적 사례로, 이들은 자본주의 사회에 요구된 새로운 지식인 유형에 속했다. 과학자와 학자는 남성으로 제시됐으며, 여성의 경우는 제품의 효과를 경험한 소비자나 스타 모델로 제시됐지, 제품의 신뢰도를 보증하는 권위의 주체로 등장한 경우는 거의 없었다. 소비자 중에는 남성도, 여성도 있었지만, 설득 권위의 주체는 남성-엘리트 모델에 국한되어 있었다.

광고 2는 임질약 광고인데, 임질약 선전이 꽤나 거창해진 까닭은 과학기술을 앞세운 남성 인물의 존재 때문이다. 복잡하고 장식적인 현미경을 여유로운 자세로 조작하는 남성은 약품의 과학적 효능을 보장하는 역할을 담당한다. 남성의 이미지를 뒷받침하듯 광고에는 임질 치료에 대한 새로운 학설을 발표한 독일인 박사와 일본인 박사의 이름이 병기되어 있다. 남성 모델을 둘러싼 지구의 형상이 단연 눈길을 끄는데, 지구 이미지는 제품이 세계적 명성을 지닌 것과 같은 효과를 내면서 "과학의 진보는 시각을 다툰다!!"는 광고 문안을 뒷받침하는 상승작용을 거둔다.

유한양행이 1930년대에 발매한 유명한 임질약 지유사이드 광고에도 남성 과학자가 등장했다(광고3). 남성 모델은 양복을 입고 단발한 머리에 서구적 풍모를 더해 전문가임을 내세우면서 특징적인 도구(청진기)를 소지하여 전문성을 과시한다. 광고 속 남성 모델은 노벨의학상 수상자로 소개되어 있다. 최고, 최첨단의 의학이 한낱 사소한 성병을 해결하는 데 동원되고 치료를 서비스한다. 광고에 쓰인 원소기호와 수

광고 2. 현미경을 들여다보는 남성 과학자 모델
임질약 살타림
《조선일보》1939년 5월 28일 자

광고 3. 노벨상을 받았다는 남성 과학자 모델
유한양행의 임질약 지유사이드
《조선일보》 1939년 12월 6일 자

식은 해독하기에는 난해하여 장식적 효과를 노리고 있는데 실제 지식을 제공하는 대신 과학적 지식 자체를 지시하는 효과를 거두고 있다.[5] 남성 권위의 주체가 그리는 합리의 세계를 난해한 과학적 기호가 장식하는 셈이다.

반면 광고 4에 등장하는 남성 전문가는 일반적 유형과 다르다. 광고 속 남자는 이색적인 풍모를 보인다. 남성의 외양은 양복을 비롯해 갖가지 신식 소품이나 기구를 장착한 여느 전문가의 모습과는 거리가 멀다. 남성은 갓과 두루마기, 수염으로 대표되는 전통 노인의 풍모를 보여주며, 복잡한 수식이나 도구 대신 단순명쾌한 손짓을 하고 있다. 광고 상품이 전통적 제조술을 살린 형태이므로 익숙한 풍모의 노인이 의약품 권위의 주체로 제시될 수 있었던 것으로 보인다. 지금도 나이 든 어른들이 기억하는 종기약인 '조고약(趙膏藥)'은 조씨 집안 대대로 내려오는 비약(祕藥)이 상품화된 형태다. 조고약과 같이 '단(丹)', '산(散)', '제(劑)', '탕(湯)', '환(丸)' 자로 끝나는 이른바 매약(賣藥) 형태는 당대의 전통 한약과 신약 제조술이 합쳐져서 출시된 의약품을 가리킨다.[6] 경험과 입소문의 역사에 바탕을 둔 상품이므로 예외적으로 전통적인 풍모의 남성 노인이 권위의 주체로 쓰인 것이다.

하지만 많은 신제품 광고에는 전통적 풍모의 남성 대신에 전문가 남성이 등장했으며, 그에 어울릴 법한 통계와 숫자, 전문 용어가 쓰여 권위를 나타냈다. 전문가 남성의 권위와 함께 쓰인 전문 용어와 숫자, 통계는 이성과 합리, 진보, 경쟁과 효율을 상징하는 남성성의 표지로서 광고 담화를 구성하는 설득의 도구로 기능했다. 화려하거나 난해한 기

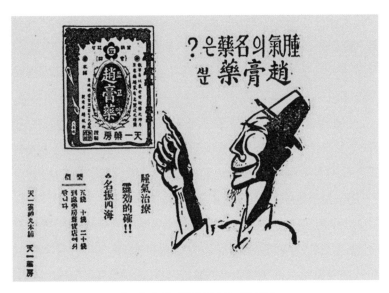

광고 4. 갓 쓴 남성이 등장한 고약 광고
조고약
《동아일보》 1929년 10월 15일 자

호는 해독을 필요로 하지 않았으며, 그 자체로 무언가 '과학적'이라는 인상을 주기에 충분했다.

'남성적 담화'와 '여성적 담화', '남성적 모델'과 '여성적 모델'은 대립적인 기호 체계를 이룬다. 자본주의 사회가 상찬했던 경쟁과 효율의 가치는 남성성으로 상징되고 이와 대조적인 나태함, 무기력함, 유약함, 의존적이고 감정적인 속성은 여성성의 전통적 표지로 지정된다. 자본주의적 변화 속에서 일터와 집의 결정적인 분리는 남녀의 기질과 능력에 대한 양극화된 개념을 낳았다.[7] 남성은 돈을 벌고 여성이 살림을 하는 가정 모델은 실제로 소수의 중상층 계급에 한정된 이야기였다. 종래의 농촌사회에서는 남녀노소 구분 없이 모두 생산노동에 가담했고, 근대 이후 대다수의 여성들 역시 마찬가지였다. 일부 상층 계급을 제외한 대부분의 여성들은 가사노동을 하면서 동시에 저평가된 노동력으로 시장에 투입되거나 비공식 경제의 수입원 역할을 담당해왔다.

하지만 역사적 현실과는 별개로 남녀의 구분은 이데올로기의 차원에서 강력하게 작동했다. '연약하다', '감정적이다', '부드럽다'라고 설명되지 않고 '여성적'이라고 통칭되는 것, 그리고 '강인하다', '경쟁적이다', '딱딱하다'라고 칭해지지 않고 '남성적'이라고 통칭되는 것은 모두 불필요한 젠더 구별이며, 젠더 폭력이다. 연약하지 않은 여성, 강하지 않은 남성은 설 자리가 없기 때문이다. '연약하다', '강인하다'라고 말하면 될 것을 왜 여성적 또는 남성적이라고 명명하나? 생각해보면 남성성, 여성성을 칭하는 언사는 여성 차별이나 남성 차별을 따지기 이전에 서로서로를 못 살게 구는 언어 관습이 아닌가.

일반적으로 나태하거나 무기력하다는 뜻을 내포한 '여성적' 가치는 자본주의 사회에서 긍정적으로 권유되는 가치가 아니다. 자본주의가 상찬하는 가치는 경쟁과 효율, 진보이며, 자기 부정과 자기 갱신의 '남성적' 가치에 가깝다. 그런데 아이러니하게도 자본주의 사회에서 상찬하는 '남성적' 가치를 갖추지 못했기 때문에 소비대중은 쓸모가 있다. 감정적이고 무절제하다고 여겨진 소비대중이 합리적 소비를 통해 개조되어야 할 '여성적' 소비자로 간주되었기 때문이다. 여성과 아이,

대중을 연결해 타자화하고 식민화하는 담론은 공고하게 작동한다. '합리적인-백인-남성-엘리트-제국주의자'의 지배적 이데올로기는 '감정적인-여성-아이-대중-유색인 내지 식민지인'으로 연결되는 전형적 타자의 형상을 쉽게 만들어낸다.

상품 시장에도 타자화 전략이 작동한다. 자본주의적 생산과 소비에 익숙하지 않은 사람은 아직 '문명화'되지 않은 사람이며, 문명화되지 않은 '여성화된' 소비대중을 향해 광고의 '남성적 담화'가 작동한다. 이는 현실적으로도 타당한데, 광고 제작의 현실을 보았을 때 광고주나 제작자는 남성이 절대 다수를 차지했다. 광고를 주문하거나 제작하는 남성 부르주아나 엘리트는 대중을 두고 교육이 필요한 '여성화된' 존재로 간주했다. 무기력, 무지, 저급한 취향으로 특징지어지는 감정적인 대중은 흔히 여성적이라고 여겨졌다.[8] 문화와 문명, 과학과 합리를 설득하는 근대 광고는 미개한 대중을 개화한 근대인으로 만드는 교육적 목표를 제시했으며, 바로 그 이유 때문에 대중은 계속 쓸모가 있었다. 과학과 합리, 문화와 문명이라는 근대적 가치가 끊임없이 비합리와 야만의 존재를 필요로 했기 때문이다.

**여성적 모델**

'광고에 여성은 어떻게 제시됐을까?' 이 질문에 답하기에 앞서 '왜 광고에는 여성이 압도적으로 많이 등장했을까?'라는 질문을 먼저 해야겠다. 실제로 광고 모델로는 여성이 눈에 띄게 많다. 먼저 떠올릴 수 있는 가설이 있다. 소비 주체로 호명된 여성이 동일화하기 쉬운 모델로서 여성이 광고에 많이 제시됐다고 볼 수 있다. 자본주의화 과정에서 가정이 생산 기능을 잃고 소비 기능을 담당하게 됨으로써 실제로 소수의 중상층 여성을 중심으로 해서 여성이 소비층으로 부각됐다. 광고가 여성을 소비자로 적극 호명했던 만큼 설득 효과를 위해 여성 모델을 내세웠으리라 본다.

하지만 여성이 소비자로 호명됐으므로 광고 모델로도 여성이 주로 등장했다는 설명은 한계가 있다. 돈 버는 남성과 소비하는 여성의 짝패는 소수의 중상층 계급에 한정돼 있기 때문이다. 대다수의 서민은 생계에 쪼들려 안팎 없이 생계 활동에 종사해야 했으며, 농경사회의 전통적인 관습도 작용하고 있었다. 농경사회에서 노비를 거느리지 못했던 대다수의 가정에서는 남녀노소 할 것 없이 생산노동에 종사해왔다. 남성이 바깥 활동을 하고 여성이 가내 활동을 한다는 고정관념은 과거 농촌사회로부터 산업화 시기를 거쳐 오늘날에 이르기까지 일부 중상층 계급에 한정된 이야기다. 노동 현장에서 여성 노동은 남성 노동에 비해 저평가돼왔고, 그렇지 않으면 갖가지 가내 부업을 했던 많은 여성들처럼 비공식 경제로 추산돼왔을 뿐이다.

광고에 여성 모델이 많이 등장하게 된 배경으로는 여성이 광범위하게 대상화, 상품화됐다는 사실을 들 수 있다. 여성은 소비의 주체로 제시되는 경우도 많았지만, 남성의 눈에 비친 대상으로 제시되어 상품화되는 경우도 눈에 띄게 많았다. 여성이 대상화되는 근대적 현상은 전통사회에서 여성이 인간 존재로 인정되지 않았던 오랜 역사와는 분명히 구분된다. 과거에는 특정 남성 계급인 양반이 하층 계급 여성을

광고 5. 덴쓰가 주최한 전국 대표 미인선발대회(전국 대표 미인 본사 특선)
소식과 함께 조선일보사가 특선한 기생 사진을 중앙에 넣고 여러 협찬 광고를 배치했다.
덴쓰 협찬 광고
《조선일보》 1929년 10월 26일 자

광고 6. 소화제 껭오 광고에 여성 사진을 걸고 "조선 대표 삼 미인"이라는
설명과 함께 "현대의 미인"은 "건강미"가 중요하다는 설명을 붙였다.
신성당
《조선일보》1932년 12월 23일 자

독점할 수 있었다면, 근대에 들어오면 광범위한 여성이 매매의 대상이
될 수 있었다. 돈만 주면 누구나 여성을 살 수 있는 성 구매 남성의 대
중화가 이루어지면서 성매매를 비롯한 여성 상품화 시장은 폭발적으
로 증가했다.

　　광고 5에는 미인선발대회가 홍보 전략으로 활용됐다. 광고에는 신
문 전면 광고로 미인대회에 선발됐다는 기생의 사진이 중앙에 배치되
어 있다. 갖가지 상품 광고가 중앙에 위치한 여성의 사진을 둘러싸고
있다. 미인대회의 주최는 덴쓰, 주관은 조선일보사로, 조선일보사가 뽑
은 "당지(當紙) 대표 미인"의 사진을 광고에 내걸었다. 오늘날 세계적
광고대행사인 일본의 덴쓰는 당시부터 조선에서 유력한 광고대행사
로 세력을 떨쳤다. 특히 대규모 일본 광고는 덴쓰와 같은 대행사를 거
쳐 조선에 수입되는 경우가 대부분이었는데, 이 경우는 덴쓰가 신문사
와 연계해 미인대회의 미디어 이벤트를 통해 화제를 모으고 연합광고
를 선보인 사례다. 최근까지도 미디어에 생중계됐던 미인선발대회를
떠올려보면 신문사와 광고업체가 연계한 홍보 방식은 낯설지 않다.

　　미인대회에 뽑힌 여성이 기생(예기) 신분이라는 점이 상품화된 여
성의 지위를 말해준다. 종래에 특정 남성 계급에 독점됐던 기생은 근
대에 들어 돈만 있으면 누구나 즐길 수 있는 상품으로 매매된다. 신문
이라는 대중매체에서도 여성은 쉽게 상품화되고 활용됐다. 미인대회
의 피사체인 '미인'은 남성이 될 수 없으며, 남성은 시선의 주체이자 평
가의 주체가 되는 반면 광범위한 여성이 평가 대상으로 전제된다. 의
약품 광고에 활용된 미인 사진도 마찬가지다(광고 6). 광고는 건강미를

내세우기는 했지만 해당 제품(소화제)과 별 관계없는 여성의 사진을 게시했다. 액세서리 정도로 처리된 여성의 사진은 일종의 볼거리 상품으로 제공된 셈이다.

물론 신문의 독자층에는 여성도 있으니 여성이 일방적으로 대상화된 것이냐고 반문할 수 있다. 하지만 물리적으로 볼 때 광고 제작자는 남성이 절대 다수였으며 신문과 잡지의 독자층도 남녀의 문맹 비율을 참고했을 때 남성 독자가 훨씬 많았다. 나아가 광고 생산자나 수용자의 물리적인 현실보다 더 중요한 사실은 여성이 선택의 주체가 된다 해도 남성 사이에서 경쟁의 대상이 되는 정도로 만족하게끔 권유받았다는 점이다. 삼종지도의 전통이 공고하고 여성 존재에게는 남성이라는 보호자가 필요하다는 인식이 뿌리 깊은 상황에서 여성은 어디까지나 남성의 선택에 부속된 파생적, 대리적, 부속적 존재로 여겨지기 십상이었다.[9] 따라서 어떻게 남성에게 선택될 것이냐 하는 것이 여성에게 주어진 최대한의 가능성처럼 제시되기 쉬웠다.

근대 광고의 시각 기호에서 특징적인 현상 중 하나는 남성 모델이 정면을 응시하는 경우가 많은 데 비해, 여성 모델은 비스듬히 서 있는 경우가 많다는 점이다. 정면을 보며 버티고 서 있는 남성이 세계와 대결하는 주체적이고 도전적인 분위기를 풍기는 반면, 여성 모델은 비스듬한 자세를 취하거나 한쪽 다리를 구부리고 서 있는 경우가 많다.[10] 사람들의 눈에 익숙한 여성상과 남성상을 떠올려보아도 비슷하다. 오늘날 텔레비전에 나오는 남성 아나운서가 서 있는 모습과 여성 아나운서가 서 있는 모습은 구별된다. 특히 몸에 딱 붙는 원피스를 입은 여성 아나운서의 자세를 보면 두 발로 버티고 서 있다기보다는 보기 좋은(보기 좋다고 여겨지는) 몸매를 연출하기 위해 한결같이 비스듬한 자세를 취하고 있다. 비스듬한 자세는 당당하기보다는 의존적으로 비치기 쉬우며 주체적이기보다는 대상화된 인상을 준다.

여성이 주체로서가 아니라 보이는 대상으로 극단화된 사례는 또 있다. 근대 광고에서 여성의 대상화가 극단적으로 제시된 경우로는 거울 보는 여성의 이미지를 꼽을 수 있다. 거울과 관련된 여성 이미지는 광고에 많이 활용됐는데, 여성은 거울을 쳐다보는 모습으로 제시되거나 아예 거울 속에 갇힌 모습으로 제시된다. 광고 시장이 컸던 미국에서부터 거울 보는 여성 이미지는 인기리에 활용됐다(광고 9). 광고 7과 8은 일본 화장용품 광고로 미국의 광고 전략을 모방했을 확률이 높다. 화장품(광고 7)이나 비누(광고 8)처럼 화장용품에 속하는 제품뿐 아니라, 미국의 라디오 회사 홍보(광고 9)처럼 미용과 관련이 없는 광고에도 거울 보는 여성이 등장했다.

거울 앞에 앉아 있는 사람은 어디까지나 여성이지 남성일 수 없다는 점에서 거울을 둘러싼 시선의 성별이 존재한다. 이성애자가 다수임을 고려했을 때 거울의 시선은 남성의 시선으로 작용하여 세계를 응시하고 판단한다. 여성을 비롯한 비남성의 존재는 어느 곳에서나 남성의 시선에 둘러싸여 있다." 광고 속 여성은 '남성-거울'의 시선과 마주하거나 아예 거울에 갇혀 있다. 특히 거울 속 여성과 거울 보는 여성, 그리고 광고 수용자의 눈이 마주치게 되어 있는 광고 7은 음울하다 못해 섬뜩하기까지 하다. 거울 보는 행위로 암시된 허영 많은 여성 존재는

광고 7. 화장품 레토 백분
《조선일보》
1936년 5월 21일 자

광고 8. 생유 석감으로
표기된 우유 비누
《조선일보》
1936년 5월 23일 자

광고 9. 1920년대 미국의 라디오
회사 RSI(Radio Sales Inc.) 광고
Roland Marchand, *Advertising
the American Dream*, p.177

남성적 시선에 감시되어야 할 대상으로 제시된 것과 같다.[12]

　이성적이고 주체적인 남성적 시선은 판단력이 미숙한, 이를테면
'허영 많은-여성-소비자'라는 상을 만들어냈다. 미숙한 대중을 평가절
하하여 흔히 '여성화'하는 남성 엘리트의 시선과 맞물려서 무절제하고
낭비하는 여성 소비자의 이미지는 반복, 재생산돼왔다. '여성'과 '허영'
의 결합은 상품 시장에서 좋은 구실이 됐는데, 허영을 부추겨 소비하
게 만들거나 그렇지 않으면 허영에 대해 합리적인 소비를 설득하려 들
거나, 어느 쪽이든 상품 소비의 구실이 마련될 수 있었기 때문이다.

　남성적 시선의 문제와 관련해 '여성-미(美)-화장품 소비'의 연결

고리를 살펴볼 수 있다. 오늘날에도 여성미와 화장품 소비가 연결되는 일은 흔하다. 여성에게는 으레 미가 요구되며, 화장은 여성의 기본 예절이라는 인식도 팽배해 있다. 그렇지만 여성과 미, 화장품 소비의 연결은 근대에 들어 새롭게 구축된 것이다. 근대에 들면서 미는 폭넓은 수신의 결과로 주어지는 내면과 외면의 총체적인 아름다움이 아니라 외양에 국한되기 시작했으며, 나아가 여성의 외양에 국한되기 시작했다. 미가 외양에 치우치고 성별화되어 온 것인데, 외양의 아름다움이 강조된 것은 정신과 신체의 조화라는 전통이 깨지고 신체가 부각됐던 근대 일반의 현상과 같은 맥락으로 보인다.

미를 외양에 국한해서 보더라도 여성의 외양이 부각된 것은 특징적이다. 남성의 공적 경쟁에서 요구됐던 기술과 지식 대신에 여성에게 허용됐던 능력은 남성에게 선택받을 수 있는 능력으로 여겨지면서 미는 기술과 지식을 대신하는 기능적 역할을 할 수 있었다.[13] 여성의 경우 당대 최고의 고등교육인 전문학교 교육을 받더라도 현모양처 되기라는 교육 목표에 묶여 있었으며, 직업을 가진 여성도 직업 능력보다는 외모를 우선으로 요구받는 일이 허다했다. 미인은 흔히 여성에게 한정되며 남성은 '미남'과 같은 별도의 명명을 필요로 한다. 또한 외모를 꾸미는 '여성적' '임무'를 화장품 소비와 연결 짓는 것도 마냥 자연스럽지는 않다. 화장은 상층 계급을 중심으로 지덕체 합일의 행위로 두루 행해졌다고 하는데, 남성 양반들이 분(粉)세수를 했다거나 관리들이 향기 나는 주머니인 향낭을 소지했던 풍습을 보면[14] 화장이 여성 일반에게 의무화되는 과정은 따질 부분이 많다.

화장품 시장에서 여성-미가 연결되는 전략을 보자. 화장품 광고에서 미는 여성의 힘이요, 예의요, 품격이며, 위생으로 선전됐다. 1920년대 일본의 시세이도(資生堂) 화장품 광고부는 "화장이란 여자가 아름다워지기 위한 것"이요, "여자가 아름다워지는 것이 자연스럽게 여자의 교양이 되고 예의가 되고 품격을 높이고 또 위생적이며, 게다가 기분도 좋아지게 하는 것"[15]이라고 했다. 여성의 아름다움이 교양과 같은 것이며, 예의이고, 품격, 위생, 쾌적함을 기리킨다는 말 그리고 이를 화장품이라는 상품으로 연결하는 전략은 대단한 성별 이데올로기요, 소비주의 이데올로기를 보여준다. 꼭 화장품 회사의 홍보 전략이 아니더라도 여성과 미, 화장을 연결하는 기사는 신문과 잡지에 흔하게 실려 화장하는 여성상이 구축되어갔다.

오늘날까지도 화장하지 않은 여성은 예의를 갖추지 않았거나 외출할 수 없는 상태로 간주되며, 심지어 여성이기를 포기한 상태로 여겨지기도 한다. 오늘날 일부 여성들이 화장을 거부하고, 나아가 코르셋을 벗고 브래지어를 하지 않는 것, 겨드랑이 제모에 반발하는 것은 그만큼 화장을 비롯해 여성을 관리하고 구속했던 소비 장치가 많았다는 점을 반증한다. 화장품, 제모제, 브래지어, 코르셋 등이 대표적이다. 화장의 경우는 근대에 들어 명백히 여성화됐으며, 연예인이나 정치인을 중심으로 남성의 화장이 다시 시작된 것은 최근에 들어와서다.

화장을 넘어 외양과 육체로 문제를 확대해보자. 외양을 문제 삼는 것이 잘못되었다는 인식은 퍼져 있지만, 여성의 외양을 문제 삼는 것이 문제가 된다는 사실은 별도의 교육과 훈련을 필요로 한다. '여성-외양'의 연결에 워낙 익숙해져 있기 때문이다. 하지만 여성의 외양을 문제 삼는 것이 문제적이기 이전에 외양을 문제 삼는 행위 자체부터가 문제다. 외양을 문제시하는 것은 전인격적 존재인 인간에게서 한 가지 특징만을 판단의 잣대로 삼아 소외시키는 행위다. 그리고 그 한 가지 특징이 천편일률적으로 외양이며, 여성의 외양을 유독 문제 삼는다는 점에서 문제적이다.

시대가 변하면서 요즘은 여성만 소외되고 있지 않다. 여성에게 붙었던 '꽃'이라는 수식어가 남성에게도 붙기 시작하면서 숱한 '꽃미남'이 탄생하고 있다. 남성의 외양도 문제가 되기 시작했다는 것이고, 외양을 인물 선택과 판단의 기준으로 삼는 경향이 예전에 비해 심해졌다는 말이다. 잡지에 코를 세워준다는 융비기 광고나 겨우 실렸던 근대를 지나 오늘날 한국은 성형대국이 되어 의료관광 수익을 올리고 있다. 연예인들이나 하던 성형수술은 이제 너도나도 한 번씩 거치는 수술이 됐다. 흔한 쌍꺼풀 수술부터 지방 흡입이며 보톡스 주사, 안면 윤곽술까지. 사람들은 성형 상품을 통해 누구나 예쁘고 잘생겨질 수 있다는 사실을 경험하고 있고, 결과적으로는 놀라울 정도로 엇비슷한 외모가 생산되고 있다.

오늘날 육체는 타고나는 것이 아니라 투자의 현장이요, 얼마든지 개선할 수 있는 가능성의 현장이다. 무엇보다 육체는 계급의 표식으로 기능하고 있다. 각종 시술과 수술, 식단, 운동과 같은 상품 세례를 받은 관리된 몸, 투자된 몸이 아름다운 몸이다. 뚱뚱한 몸은 옛날처럼 부유함의 상징이 아니라 나태와 태만 혹은 질병의 표식으로 여겨지기 쉽다. 당뇨병이 부자병이라고 일컬어졌던 옛날과 달리 물자가 풍부한 현대에서는 날씬하게 관리된 몸이 권장된다. 다양한 상품으로 관리되어야 하는 육체, 아름다움을 개발해야 하는 육체는 생산 현장에서 노동하는 육체가 겪는 소외와 쌍을 이루며 인간 소외의 일례를 보여준다.

인간 육체의 광범위한 소외 현상 가운데서도 젠더 정치는 굳건한 것이, 남성도 소비사회의 육체로 아름다움을 개발할 것을 요구받기는 하지만 성(섹슈얼리티) 문제에서는 얼마간 비껴나 있다. 남성의 성적 매력이 부각되거나 성상품화되는 현상은 최근에야 나타난 일이고 옛날에는 극히 드물었다. 남성의 섹슈얼리티에 비해 여성을 비롯한 비남성의 섹슈얼리티가 상품화, 산업화되는 양상은 특징적인데, 근대에 들어오면서 그 징후가 나타난다.

광고에 등장한 벗은 여성과 벗은 남성은 비교가 된다(광고 10, 11, 12). 왜 벗은 여성은 야한데, 벗은 남성은 야하지 않은가? 왜 벗은 여성은 위험해지는데, 벗은 남성은 그렇지 않은가? 심지어 여성은 벗은 남성을 보고 경악하며, 남성은 벗은 여성을 보고 탐닉한다. 왜 그런가? 이 의문을 유념하자. 필자가 특별한 여성과 남성의 이미지를 나열한 게 아니다. 근대의 광고를 보면 강장제 광고를 제외하고 벗은 남성이 등장하는 경우는 드물다. 강장제나 건강식품 광고에 쓰인 벗은 남성 모델은 건강을 체화한 모범적 인물로 제시되는 경우가 많았지, 쾌락적 응시의 대상으로 제시된 적은 거의 없었다.

여성은 야한데, 남성이 야해지지 않은 까닭은 무엇일까? 물리적 배경을 따지자면 사진가와 도안가, 문안가가 거의 모두 남성이라는 사

광고 10. 벗은 남성을 모델로 쓴
강장제 에비오스
《조선일보》1934년 9월 7일 자

광고 11. 1922년에 제작된
아카다마(赤玉) 포트 와인 포스터
일본 최고의 누드 포스터로 화제를 모았고
여러 차례 오마주됐다.

광고 12. 벗은 여성을 그린
강장제 킹오브킹즈
《조선일보》 1937년 9월 25일 자

실을 꼽을 수 있다. 남성에게 비친 여성이라는 물리적 사실은 해당 상품(광고 11의 포도주, 광고 12의 강장제)의 소비자로 명백히 남성을 겨냥한다는 사실과 연결되면서 강력한 남성적 거울 시선으로 작동한다. "미미(美味)", "자양(滋養)"을 내건 포도주(약용주)는 남성 음용자를 겨냥했으며, "욕정"의 주체를 호출한 강장제의 소비자는 명백히 남성이었다. "쇠한 욕정이 일순에 대격증되는 기묘한 약"(광고 12)은 여성에게 주어질 수는 없었는데, 여성은 성적 주체로 인정된 적이 없었기 때문이다.

근대에 들어 인구가 중요한 문제로 부상하고 인구의 정치경제학적 가치가 조명되면서 여성의 임신과 출산이라는 성적 기능이 중요하게 여겨졌지만, 성적 쾌락과 본능은 거의 조명되지 못했다. 그래서 허다한 강장제와 성병약 광고에는 쾌락의 주체로 남성을 호출하는 유혹적인 여성이 숱하게 등장한다. 성병약 광고에는 성적 주체로 요구받은 남성 소비자를 상대로 하는 여성 모델이 함부로 유혹적으로 제시되는 경우가 많았다.

여성의 경우 성녀(性女)가 아니면 성녀(聖女)인 모성으로 그려지는 것은 여성 소외의 양상을 단적으로 대변한다. 여성은 유혹적인 성녀로 그려지거나, 아니면 모성으로 그려지는 경우가 많았다. 아이와 함께 있는 어머니의 이미지는 2세를 출산하고 양육하는 여성의 기능성을 강조했다. '유혹적인' 성녀와 '신성한' 모성은 대조적으로 보이지만 사실상 대조적이지 않은데, 둘 다 남성을 위한 성 역할에 맞추어져 있다는 점에서 그러하다.[6] 여성의 성적 기능이 강조되든, 성적 특질이 제거된 모성으로 신성화되든 여성은 성적 주체로도 인정받지 못하고 전인격적 존재로도 인정받지 못한다는 점에서 소외되어 있다. 광고 속 성녀들에 대한 자세한 논의는 졸저《상품의 시대》4장을 참고하시기 바란다.

여성 섹슈얼리티에 대한 논의를 확대하지 않고 앞서 제시한 광고(광고 10, 11, 12)의 벗은 상반신들로 돌아가도 필자의 물음은 비슷하다. 벗은 남성과 벗은 여성은 왜 다르게 받아들여지는가? 벗은 남성은 야하지 않은데, 벗은 여성은 야하다. 유방이 퇴화된 남성의 유두는 실제로는 성애화된 기능밖에 남아 있지 않은데도 성적으로 비치지 않는다. 남성의 유두는 '반짝이는 제2의 눈'처럼 개그 소재로 희화화되지만 여성의 유방은 기능적 역할이 남아 있는데도 성적으로만 대상화된다.

왜 여성은 성적이며 야한데, 남성은 그렇지 않은가? 나아가 모든 성소수자들은 왜 함부로 성적으로 취급되며 함부로 야해지는가? 특정한 성적 기호나 성향이라는 이유로 존재가 늘 성애화되어버리는(sexualized) 일은 불편하고 부당하다. 이 불편한 의문은 오랫동안 비남성들이 성적으로 대상화되며 소외되어온 역사적 현재를 일러준다. 동시에 '강하고 커야' 했던, 과도한 성적 주체가 되기를 요구받았던 남성 역사가 현재진행 중이라는 사실을 가리킨다. 누군가 함부로 대상화되어 소외되어왔다면 누군가는 과도하게 주체성을 요구받으며 소외되어온 것이다.

"헐리우드 스타들의 구두는 어떤 구두?"
-《동아일보》1934년 12월 12일 자 기사

# 매스미디어의 영웅,
# '스타' 탄생

스타가 등장하는 광고는 눈길을 끈다. 스타는 사람들이 희망하는 신체와 외양, 생활양식과 유행을 대변하고 선도한다. 오늘날 스타의 존재는 드물지 않다. "지구상에서 누구보다 빨리 뛰는 사람, 어떻게 하면 사람들을 웃길 수 있는지 아는 사람, 획기적인 사업을 시작한 사람, 군침 도는 식단을 설계한 사람, 티 없이 아름다운 외모를 가진 사람"[17] 등 다양한 분야에서 생겨난 스타들이 있다.

스타는 대중이 소비하는 문화오락 상품 중 하나다. 오늘날 스타의 존재는 흔하지만 스타가 등장한 지는 한 세기 정도밖에 되지 않았다. 스타를 향유하는 대중의 존재가 전제되어야 하기 때문이다. 스타의 일거수일투족에 열광하거나 야유를 보내는 대중의 존재가 없다면 스타는 없다. 스타가 탄생하기 위해서는 잡지와 신문, 라디오와 같은 매스미디어가 전제되어야 하며, 매스미디어를 통해 단일화되는 익명의 무리인 대중이 필요하다. 대중이 구가하는 소비문화가 형성되면서 일종의 오락 상품으로서의 스타가 탄생한다.

예전에는 빈곤이 사람들을 한 무리로 만들었다면 이제 상품 주위로 사람이 모여들면서 대중이 탄생한다고 베냐민은 말했다. 상품 주위로 몰려드는 무리가 현대인의 새로운 집단정체성이 된다. 시장이 특정 계급에 속하지 않는 무리를 급속도로 확대하면서 상품의 형식에 지배받고 표준화되고 평준화되는 삶, 탈자연화되는 삶은 확산된다.[18] 독일의 철학자 아도르노는 균질적인 대중의 탄생을 두고 상품과 화폐의 교환 과정에서 반드시 겪게 되는 동일한 형식으로의 환원 과정과 닮았다고 지적했다. 표준화된 무리가 형성되는 과정이 만물에 대한 화폐의 무차별적 환원 과정과 유사하다는 것이다. 균질화된 무리가 탄생하는 데 미디어와 통신은 중요한 역할을 한다. 통신과 교통의 발달은 시공간을 재편하고 동시적 경험을 가능하게 하며, 사회적 커뮤니케이션의 회로로 기능하면서 대중문화를 형성한다.

많은 사람들이 열광해야 스타가 만들어진다. 스타는 개인의 성공과 성취가 부각된 인물이며, 미디어에 회자되어 유명해진 인물이다. 매스미디어를 통해 스타는 인기를 모으고 일종의 문화상품으로 소비되며 브랜드를 구축한다. 스타라는 브랜드에도 유행이 있어서 특정 시대의 스타는 시대정신과 지배적 가치를 반영한다. 스타의 변천사는 사회문화사의 변천을 반영하며, 스타상에는 각 시대를 살아가는 대중의 욕망이 투영되어 있다.

스타가 매스미디어와 결합한 근대적 영웅이라고 한다면, 스타에 비근한 존재로 옛 영웅적 인물을 꼽을 수 있다. '영웅', '위인', '성현', '철인', '호걸', '신사', '군자', '대인' 등 이들 선택된 소수의 남성 선각자를 일컫는 용어 중에서 근대에 들면서 '대인'이나 '군자'의 쓰임은 줄어들고 '신사'나 '위인'이 많이 쓰인다는 점은 특징적이다.[9] 타고난 영웅이 아니라 만들어지는 위인이라는 용어가 많이 쓰이게 된 것은 소수의 선민(選民)이 영웅이 되는 것이 아니라 개인의 노력으로 자신의 운명을 개척할 수 있다는 근대의 성공 신화가 작용했기 때문이다. 미디어와 대중이 필요한 스타의 존재 역시 넓게 보면 '누구나 성공할 수 있다'는 근대 민주주의와 개인주의를 배경으로 한다.

매스미디어가 매개하는 광고와 스타의 만남은 각별하다. 광고는 매스미디어의 물주이자 매스미디어를 통해 유통되는 상품이요, 매스미디어를 통한 자본주의 예술 형식 그 자체다. 화려하고 번쩍거리는 설득의 예술 속에서 스타가 기용된다. 스타라는 미디어의 영웅이 미디어 예술 속에서 빛난다. 근대의 광고에서부터 운동선수, 영화배우, 가수와 같은 스타들이 기용됐다. 당시에는 스타와 정식 계약을 맺지 않고 허락받지 않은 사진을 막 갖다 쓰는 경우도 많았다.

스타의 초기 형태를 찾는다면 다음 광고에 쓰인 인물 정도가 아닐까. 광고 1에는 추천서를 쓴 유명인이 등장했고, 광고 2에는 변사가 등장했다. 추천서를 쓴 유명인이라고 해봐야 회사 사장이나 병원 관계자다. 관련 권위자의 추천서를 쓴 광고 형식은 스타가 추천하는 상품 광고의 초기 형태라 할 수 있다. 광고 2에 등장한 변사는 무성영화 시대

147

광고 1. 명사들의 추천서를 활용한 광고. 광고의 상단을 자른 형태다.

강장제 백보환

《조선일보》 1936년 5월 24일 자

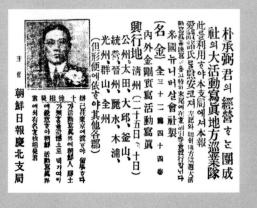

광고 2. 인기 변사를
내세운 영화 광고
단성사
《조선일보》 1920년
8월 16일 자

에 영화를 중계하던 예능인으로, 1930년대 중반까지 영화배우 이상으로 높은 인기를 누린 스타였다.

평화당 주식회사의 강장제 백보환은 광고 종합백과사전이라 할 만큼 다양한 광고술을 선보였는데, 광고 1은 사회 유지들의 "산적한 감사장"을 활용한 경우다. "사실로 좋은 보약은 대중의 진정한 감사를 받는다"라고 이야기하며 회사 사장이나 병원 관계자의 추천서를 활용했다. 비슷한 방식으로 백보환은 "귀족, 양반, 각계 명사의 최고 상찬"이라는 표제어를 걸고 언론사 사장이나 백화점 사장, 학자들의 추천서를 활용하기도 했다.

1920년에 나온 단성사 영화 광고는 변사 서상호를 스타로 내세웠다(광고 2). 무성영화 시대에 영화 해설을 주관한 인기 예능인이었던 변사는 1930년대로 넘어가면서 인기가 줄어들어 영화배우에게 밀리는 운명을 맞는다. 당시부터 세계 영화산업을 주도했던 할리우드 영화의 인기는 대단했는데, 최고 식자층이라 할 만한 문인과 지식인들이 대중잡지에 〈스크린의 여왕, 왕자에게 보내는 편지〉(《조광》 1938년 9월)라는 제목으로 팬레터 형식의 기사를 게재했던 걸 보면 은막의 배우에 대한 선망이 어느 정도였는지 짐작할 수 있다. 영화라는 첨단 예술에 대한 대중의 열광이 영화배우에게로 옮겨지면서 영화계의 스타는 만들어졌다.

일제강점기에 유명세를 탔던 배우, 가수, 운동선수 가운데 손기정과 최승희는 빠지지 않는 인물이다. 운동선수는 '스포츠가(家)'로 불리며 대접을 받았는데, 당시 스포츠의 대부분이 고급 학원 스포츠로 도

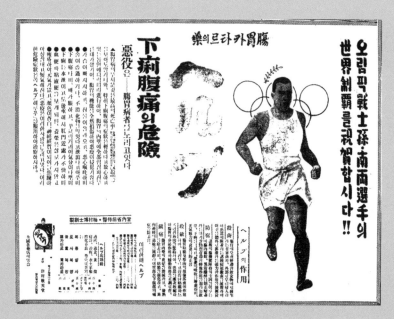

광고 3. 올림픽 영웅 손기정과 남승용을 내세운 위장약 헤루프
《동아일보》 1936년 8월 26일 자

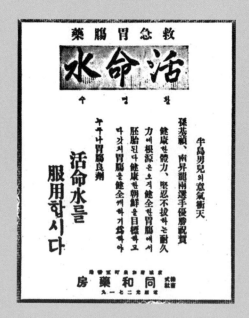

광고 4. 손기정과 남승용을
"반도 남아"로 내세운 위장약
활명수
《조선일보》 1936년
8월 11일 자

입된 외래 스포츠였던 사정도 컸다. 손기정과 최승희는 인기 있는 스포츠 스타가 되어 민족적 상징으로 회자됐다는 점에서 공통점을 지닌다. 당대 광고에도 손기정과 최승희가 인기 모델로 등장한다.

광고 3과 4는 손기정의 올림픽 마라톤 우승 소식을 활용한 광고다. 1936년 베를린 올림픽에서 손기정과 남승용이 각각 금메달과 동메달을 딴 소식이 광고에 쓰였다. '헤루프'는 일본제 위장약으로 "올림픽 전사 손·남 양 선수의 세계 제패를 축하합시다!!"라는 광고 문안을 썼다 (광고 3). 당대부터 부채표 로고를 썼던 '활명수'는 "구급 위장약"으로 선전하며 "반도 남아의 의기(意氣) 충천. 손기정, 남승용 양 선수 우승 축하"를 보디 카피의 첫 부분으로 썼다(광고 4).

광고의 의미 작용을 살피면 손기정, 남승용 선수라는 지시 의미가 중심이 된 1단계 의미 작용은 그 부가 의미인 조선의 건강을 일컫는 2단계 의미 작용으로 이어진다. 대개 광고 기호의 지시 의미가 담고 있는 부가 의미는 일반적으로 많이 유포된 이데올로기의 파편이자 공유된 사회적 꿈인 경우가 많다.[20] 활명수 광고는 건강한 조선에 대한 열망을 담고 있다. "건강한 조선을 목표"로 하는 맥락에서 광고는 위장병 치료 약의 필요를 설득한다.

활명수의 광고 문안은 당대 제국주의 건강 담론에서 파악할 때 눈길을 끄는 점이 있다. 식민지를 문명화한다는 제국주의 이데올로기에서 건강 담론은 제국을 건강의 주체로 내세우고 식민지를 병들고 오염된 것으로 전제했다. 조선의 불건강은 과학기술과 위생의 차원에서 뒤떨어진 의학적 표징으로 제국주의적 위생 담론에서 자주 활용됐다. 따라서 위장약 활명수 광고가 내세운 "건강한 조선"이라는 목표는 이중적으로 작용하는데, 제국주의 건강 담론에서는 식민지의 진화요, 제국의 위용으로 이용되기 쉬웠던 반면, 조선인 수용자의 처지에서는 민족주의적 항거의 의미로 전유될 수 있었다.

조선인들에게 이들 올림픽 메달리스트는 병들지 않은, 충분히 건강한 남성-신체로서 민족적 자긍심을 떨쳐 보이는 존재였다. 실제로 손기정, 남승용의 올림픽 출전 소식과 경기 진행, 우승, 귀국 소식은 당시 신문 지면에 시시각각으로 중계되면서 화제를 모았다. 두 선수의 우승은 "우리 젊은 조선의 마라소녀(마라토너)", "마라손(마라톤) 조선 만세"와 같은 민족적 열광을 끌어냈다. 손기정이 민족주의의 상징으로 기념되는 방식은 스포츠 민족주의를 잘 드러내는데, 우승 소식이 보도되는 과정에서 일어났던 동아일보사와 조선중앙일보사의 유명한 일장기 말소 사건(1936)도 영향을 미쳤다. 금메달리스트 손기정의 사진에서 일장기를 지운 사건으로 《조선중앙일보》는 정간을 당하고 이듬해인 1937년에 폐간되고 말았지만, 동아일보사는 역사를 거듭하면서 해당 사건을 민족주의적 언론의 역사로 기념해왔다. 미디어를 통한 스포츠와 민족주의의 결합은 대중의 열광과 일체된 경험을 증폭하고 역사화할 수 있었다.

당시 올림픽은 '인류의 성전', '인류 청춘의 제전'으로 보도되면서 대규모의 국제 스포츠 행사로 관심을 끌고 있었다. 야구나 축구, 육상, 스케이팅 등을 포함한 다양한 스포츠는 직접 뛰는 스포츠를 넘어 오락 상품으로 인식되어 학교나 지방 행정 단위, 민족이나 국가 대항의 형태로 다양한 관람 상품으로 생산됐고 인기를 끌었다. 스포츠의 경험이 소비대중의 무리를 넘어 민족적, 국민적 통일체까지 형성하는 데는 상업 미디어와 연예오락(엔터테인먼트)산업의 역할이 있었다. 올림픽이야말로 스포츠 내셔널리즘과 대중오락이 결합한 세계 최대의 대표적 산업박람회요, 미디어 이벤트다.

무용가 최승희는 손기정처럼 민족의 영웅으로 주목받은 스포츠 스타였다. 손기정과 최승희는 둘 다 민족의 상징처럼 여겨졌지만, 최승희의 경우 젠더 구분이 더해져 좀 더 미묘하다. 최승희는 '조선의 무희', '반도의 무희'로 불리며 세계적 명성을 구가했던 무용가였다. 그는 무용 공연이라는 현대화된 예술 양식과 매스미디어가 만들어낸 근대적 영웅이었다. 최승희는 그 명성에 걸맞게 유수의 제품 광고에 모델로 기용됐다. 스타를 기용한 광고를 유명인 광고라고 일컫는데, 최승희가 찍은 일본 대학목약 광고는 한국 광고사에 유명인 광고의 효시로 기록되어 있다.

광고 5와 6은 모두 무용가 최승희를 내세운 광고다. 대학목약 광고에서 최승희는 인상적인 외양과 함께 "반도의 무희 최승희 양 왈, 명안의 비결은 대학목약의 애용에 있습니다. 동포 제 양이여! 피차에 아름다운 강한 눈을 가집시다"라는 캡션과 함께 등장했다(광고 6). 광고 모델로서 손기정이 지시하는 건강의 기표가 의약품이나 식품 광고에 곧잘 활용된 것처럼 최승희가 구가했던 이미지도 있다. 손기정의 이미지가 '민족-건강-남아'를 지시하며 남성적 민족주의를 단선적으로 보여준다면, 최승희의 이미지는 그보다 복잡하다.

153

광고 5. 무용가 최승희를 기용한 조미료 아지노모도
《여성》 1936년 10월

광고 6. 최승희를 "반도의 무희"로 내세운 안약 대학목약
《동아일보》 1937년 9월 5일 자, 전면 광고

무용가 최승희는 성공한 신식 여성이지만 주부와 아내의 역할에 충실하다는 점이 부각되어 광고에 활용됐다. 신식 조미료인 아지노모도 광고(광고 5)가 대표적인 사례다. 실제로 많은 여성 선각자가 사회적 비난과 매도를 받던 상황에서 최승희는 '성공한 여성'치고는 상당히 우호적으로 다루어졌는데, 신식 여성이면서도 '가정적' 본분을 잃지 않았다는 점에서였다. 미디어가 그렇게 다루었는지, 본인이 그렇게 생각했는지는 알 수 없으나, 최승희는 성공한 극소수의 여성임에도 가부장적 위계를 위협하지 않았으므로 사회적으로 허용될 수 있었던 셈이다.

최승희가 근대적 개인성과 순종적 여성성을 겸비해 인기를 모을 수 있었던 인물이라는 점을 넘어서 조선의 상징으로 부각된 데는 민족주의적 열광뿐만 아니라 일본의 동양론도 작용했다.[21] 최승희는 '조선의 무희', '반도의 무희', 나아가 '동양의 진주'로 불렸다. 제2차 세계대전에서 일본 제국주의의 이론적 걸개가 됐던 동양론은 일본이 동양의 우월적 선도자가 되는 것을 전제로 해서 타락한 서구 자본주의적 문명에 대적하자는 내용을 담고 있었다. 일본의 제국주의적 동양론 속에서 최승희는 조선의 무희이면서 동시에 일본의 무희였으며, 나아가 일본이 선도하는 동양의 대표적인 무희로 자리매김할 수 있었다.

최승희에 대한 열광은 조선을 넘어 일본과 서구 세계에서도 확인되며, 여기서 오리엔탈리즘의 시각을 확인할 수 있다. '동양의 무희'를 향한 세계적 열광에는 이국의 여성을 식민화해 바라보는 시각 내지는 식민지를 '여성화'해 정복의 대상으로 인식하는 일본인과 서구 지식인

이 지닌 오리엔탈리즘의 시각이 반영되어 있다.²² 식민지는 여성으로
치환되면서 식민지의 여성은 결과적으로 이중으로 대상화되기 쉬웠
다. 조선의 신무용을 개척했다고 평가받는 최승희의 춤은 남성 인종주
의자이자 제국주의자의 시각이 합쳐지면서 세계적 호응을 얻었다. 광
복 후 월북한 최승희는 1960년대 후반 사망할 때까지 북한 무용계를
선도했다고 알려져 있다.

"이상적 신가정의 필요품"
- 조미료 아지노모도 광고, 1931

# 상상되고 구성된
# 가족들

광고에 등장하는 가족은 행복해 보인다. 혹 그렇지 않은 가족이 등장
하더라도 제품을 구매하게 되면 관계 회복을 약속받는 상태로 제시된
다. 단란한 가족의 모습은 실상과도 거리가 있지만 근대 광고에 그려
진 단란한 가족 이미지는 정말이지 실제와 달랐다. 남녀의 엄격한 위
계 관계를 비롯하여 오늘날의 관점에서 볼 때 아이를 등한시하고 학대
하다시피 했던 양육 방식은 화목한 가족 풍경과 거리가 멀었다. 근대
에 들어 어린이라는 새로운 호칭이 생기고 나서도 아이는 미숙한 어른
으로 취급받고 무시되는 것이 보통이었다. 어릴 때 정말 많이 맞았고
인간 취급도 못 받았다는 필자의 아버지는 1947년생인데, 궁벽했던
시골 상황을 고려한다 해도 어린이에 대한 존중이 뿌리내리는 데는 꽤
시간이 걸렸던 것 같다.

근대의 광고가 이상적 가족 풍경을 활용한 것은 자본주의 사회에서 가정이 생산의 기능을 잃고 소비 단위로 부상했던 상황과 관련이 있다. 종래에 농촌, 산촌, 어촌의 가구는 생산 기능이 있지만 도시의 가구는 생산 기능이 없다. 하다못해 쌀과 땔감까지 돈을 주고 사야 했던 도시의 가구는 화폐에 대한 필요가 높았다. 식민지 조선은 인구의 70퍼센트 이상이 농촌에 거주하는 농촌사회였지만 전통적 농촌 공동체도 변화하고 있었고, 도시만큼은 아니어도 화폐의 영향력은 강력했으며, 신상품에 대한 환상도 공유되고 있었다. 광고는 다른 어떤 근대 예술보다 직접적으로 소비주의를 훈련하고 설득했던 예술 형식으로, 가족을 소비 단위로 호출하는 효율적 전략을 즐겨 썼다.

광고가 제시한 것은 흔한 가족상이 아니었다. 광고에는 대가족보다는 부부 단위로 소수의 자녀를 둔 가족의 모습이 그려졌다. 다산의 전통이 공고했고 피임이 제대로 되지 않았던 현실을 고려하면 어디까지나 사실과 다른 상상적 풍경이었다. 또한 성과 연령의 위계가 엄격하게 작동했던 가부장제 풍경과 달리 광고가 애용한 가족상은 '단란한 핵가족'에 가까웠다.

광고 1에는 다정한 부부의 모습이 등장한다. 나란히 붙어 선 모습이나 남성의 차림으로 보건대 신식 커플이다. 남성에 비해 여성의 의복은 늦게 서구화됐으므로 아내의 한복 차림새는 어색하지 않다. 남성과 여성의 외양은 눈이 크고 코가 오똑한 서구식 풍모로, 광고의 도안은 일본인 도안가가 그렸을 가능성이 높다.[23] 부부의 대화 속에서 아지노모도는 음식 맛을 좌우하는 결정적 요소로 부각되어 있다. 광고에서

광고 1. 남편: "아, 여보, 아지노모도 사는 것을 잊었소그려." 아내: "안 돼요. 그것은 꼭! 사가지고 가야 돼요. 아지노모도를 안 치면 음식 맛이 있어야지." 아지노모도 《동아일보》 1934년 4월 8일 자

광고 2. 아지노모도를 쓰는 집과 그렇지 않은 집이 대비되어 있다.

• 아지노모도를 쓰는 집
남편: "마누라 음식은 언제든지 맛이 있거든! 참 재주덩어리란 말야!"
아내: "아이, 날마다 놀리시네. 제 칭찬 마시고 아지노모도를 칭찬하세요."

• 아지노모도를 안 쓰는 집
남편: "이걸 어떻게 먹으란 말야! 오늘두 또 식당에 가서 먹을 수밖에 없지. 경을 칠 놈의 노릇!"
아내: "아이구머니!"
아지노모도
《동아일보》 1936년 6월 25일 자

아지노모도는 신식 부부에게 걸맞은 가정의 필수품으로 제시됐다.

생활필수품인 아지노모도가 없는 가정은 정반대의 풍경을 보여준다(광고 2). 아지노모도를 쓰는 집에서는 아내의 음식을 칭찬하는 남편이 등장하는 반면, 아지노모도를 쓰지 않는 집에서 남편은 밥상을 뒤엎고 욕을 퍼붓는다. 단순하고 적나라하게 구성된 이 광고는 아지노모도를 훌륭한 요리사이며 화목한 신식 부부를 완성하는 매개체로 제시한다. 즉 아지노모도가 있으면 부부가 화목하고, 그렇지 않으면 불행해진다는 단순명쾌한 이분법이 드러난다.

신식 부부의 모습이라지만 남편과 아내의 모습은 종래의 위계대로 '밥상 차려오는 여자-밥상 받는 남자'의 구도로 반복된다. 화목한 가정이란 아내가 차린 밥을 남편이 맛있게 '먹어주는' 정도이고, 그렇지 않은 부부의 광경은 밥상 뒤엎기라는 해묵은 남편의 관행으로 요약된다. 신식 부부의 모습이 이전과 달라진 점도 있고 변함없는 점도 있는 것인데, 이는 자본주의적 가부장제(capitalistic patriarchy)를 배경으로 한다. 자본주의적 가부장제는 예전처럼 가내 생산양식에 토대를 두지는 않지만 성인 남성 가장이 화폐 자원에 배타적으로 접근한다는 점에서 가부장적 형태를 띤다. 새로운 시장 질서를 중심으로 종래의 개인 예속적 위계질서인 '아버지-남편-주인-통치자' 대 '어머니-아내-안주인-피통치자'의 모형은 반복된다.[24]

신식 가정에서 여성에게 기대되는 역할은 남편을 잘 보필하고 아이를 훌륭하게 양육하는 일이다. 바로 새로운 현모양처상이다. 종래에 노비를 거느리지 못했던 대부분의 가정에서 남성과 여성, 노인과 아이할 것 없이 생산 노동에 종사했던 역사를 떠올려보면 현모양처는 단연 새로운 부인상이다. 따라서 현모양처 이데올로기는 남편이 돈 벌고 아내가 살림하는 중상층 계급의 물리적 현실을 배경으로 한다. 중상층 계급을 중심으로 한 현모양처라는 근대 여성상을 통해 아내는 집안 살림을 하는 역할로 노동량이 조정되는 동시에 돈벌이하는 남성 가장에게 새롭게 예속된다.

하지만 새로운 부인상은 일부에 국한된 이야기일 뿐이다. 농촌이든, 도시든 대다수의 서민 가정에서는 살림살이가 빠듯하여 안팎의 구분 없이 다들 생계 노동에 종사해야 했다. 따라서 현모양처상은 일부 상층 계급 여성에게 한정된 이데올로기였으며, 대다수의 여성 현실과는 거리가 멀었다. 그럼에도 현모양처상이 광범위하게 퍼져 나갔던 것을 보면 근대의 현모양처는 현실보다 이데올로기로서 강력하게 작용했다고 할 수 있다.

현명한 주부이자 아내, 어머니상을 요구받았던 여성의 역할은 흔히 과학적 여성상으로 표현됐는데, 가정 살림과 육아의 과학화는 상품을 통해 가능했다. 현명한 주부, 과학적인 모성과 같은 가정 합리화의 기치가 소비와 직결된다는 점에 주목할 필요가 있다. **신식 가정과 '스위트 홈'은 실제로 가정용품과 아동용품, 일상용품이 구성한 결과물이었다.** 편리함과 유용성, 경제성이라는 합리적 근대성의 정체는 일상에서 가사노동을 보조하는 주방 기구, 그리고 적은 비용으로 더 나은 영양과 건강을 약속하는 먹거리 상품을 비롯해 도시의 중상층 가족을 수용할 수 있는 공간으로서의 문화주택이나 양옥 등이었다.[25] 각종 양

품이자 신상품이 새로운 가정으로서의 스위트 홈을 구성하는 요소가
된다.

조선 최초의 여성 서양화가로 꼽히는 나혜석은 단편소설과 수필
을 여러 편 남겼다. 1918년 발표한 소설 〈경희〉는 남성 중심의 민
족주의적 문학사에서 저평가된 수작이라 할 수 있는데, 소설에는
신여성 '경희'의 고민이 그려져 있다. '말순이'나 '종말이'가 아닌 경
희라는 세련된 이름부터가 신여성임을 나타낸다. 소설에는 일본
유학을 다녀온 신여성 경희가 어머니의 우려와 달리 살림을 등한
시하지 않고 오히려 살림을 '과학적으로' 잘 해내는 모습이 나온
다. 아래 인용한 대목은 경희가 벽장을 청소하는 과학적 방법을 선
보이는 장면이다.

(일본 유학을 다녀온 후-필자) 이번 소제법은 다르다. 건조(建造)적이고 응
용적이다. 가정학에서 배운 질서, 위생학에서 배운 정리, 또 도서(圖書)
시간에 배운 색과 색의 조화, 음악 시간에 배운 장단의 음률을 이용해
형금까지의 위치를 전혀 뜯어고치게 된다. 자기를 도기 옆에다가도 놓
아보고 칠첩반상을 칠기에도 담아본다. 주발 밑에는 주발보다 큰 사발
을 받쳐도 본다.
- 서정자 엮음, 《원본 나혜석 전집》, 푸른사상, 2013, 162쪽

소설 속 장면은 여성 교육과 각성의 목표가 현모양처상에 갇혀 있던 상황을 보여준다. 일본 유학을 한 경희가 조선 사회에 수용될 수 있는 것은 어디까지나 살림하는 순종적 여성상을 저버리지 않는 선에서다. 소설 〈경희〉에는 1910년대의 자각한 신여성 경희가 여성에게 주어진 운명의 굴레를 벗어나고자 하는 욕망과 억압적 인습 사이에서 갈등하는 모습이 인상적으로 묘사되어 있다.

광고가 가정을 소비 단위로 공략하는 과정에서 현모양처상은 적극 활용된다. 광고에는 현모양처가 구체화된 형태로서 아이의 건강을 과학적으로 뒷받침하는 모성이나(광고 3) 살림에 충실한 주부(광고 4)의 모습이 활용됐다. 식사 준비로 대표되는 살림살이를 "여자의 책임"이라고 명기한 것에는 현모양처 이데올로기가 반영되어 있으며, 현모양처상은 다름 아닌 신상품을 통해 충분히 '성취'될 수 있다. "맛있게 하는 데는 아지노모도만 치면 되지 않습니까."(광고 4) 남편과 가족을 위해 맛있는 식사를 준비하는 아내의 역할을 다하는 데는 아지노모도 하나면 충분하단다.

가내 여성의 낮은 지위를 반영하여 노동시장에서 여성 노동력이 저평가되면서 남편은 주된 화폐 공급자로 아내 위에 군림할 수 있지만, 자본주의적 가부장제에서 진짜 가부장은 따로 있다. 바로 기업이다. 그래서 자본주의 사회의 가부장제는 기업가부장제(cooperate patriarchy)라고도 한다. 기업은 가정에 필요한 물품을 공급하며 바람직한

광고 3. "가정의 건위 강장제, 먼저 위장을 튼튼히 하자"라는 문안을 써서
가정 건강을 책임지는 어머니로서의 여성을 호출한다.
소화제 에비오스
《동아일보》 1940년 8월 11일 자

광고 4. 조미료 광고는
"여자의 책임"을 내세우며
"음식을 맛있게 못하는
것은 여자의 큰
수치입니다. 맛있게 하는
데는 아지노모도만 치면
되지 않습니까"라는
문안을 썼다.
아지노모도
《동아일보》
1933년 11월 15일 자

생활양식을 지시한다. 광고는 기업의 생산물을 지속적으로 소비할 수 있는 가족 단위를 호출하고 그 전략의 하나로 다정한 남편, 과학적인 주부이자 어머니, 건강한 자녀로 구성된 중상층 가정의 환상을 그려낸다. 실제 현실과는 엄연히 거리가 있었지만, 광고가 온건하고 행복한 중산층 가정에 대한 환상을 생산하는 데 적극 가담한 까닭은 가정이라는 소비 단위를 공략하는 방법이 대량 소비를 촉진하는 가장 효율적인 전략이었기 때문이다.

당시에는 한반도의 2000만 인구를 공략하려면 "450만이라는 가정 분자"[26]를 먼저 공략하는 길이 효율적이라고 이야기됐다. 광고는 특히 중상층 주부를 주된 소비층으로 공략하면서 가정 소비의 주체로서 여성을 호출했다. 신식 기계였던 유성기와 라디오는 단란한 가족 풍경을 상상적으로 구성하는 필수품으로 선전됐다. 유성기와 라디오는 "생활에 음악을 넣으라", "가정생활의 위안과 명랑을 도(圖)하는 길은 음악을 가정에 집어넣는 외에 없다"라는 문안으로 광고됐다. 실제로 방송국(경성방송국) 관계자는 "가정을 떠나서 라디오의 생명은 적다"라며 "'주부를 잡아라'가 라디오 사업 성공의 첩경"[27]이라고 말했다. 라디오와 유성기는 상당히 고가였지만, 중상층 가정의 풍경을 구성하는 필수품처럼 홍보됐다.

특정 상품만 가족 이미지를 공략한 것이 아니다. 비누, 약, 조미료 광고에도 "가정생활에 명랑과 위안"이 되며 "가족의 단란에 꼭!" 필요하다, "가옥에 단란의 화(花)를 피게 한다"와 같은 문안이 등장했다. 조미료 아지노모도의 스즈키 상점은 일제강점기 큰 광고주 중 하나로 다양한 광고 전략을 구사했는데, 신가정을 내세운 설득 전략도 빈번했다. "아름다운 가정", "이상적 신가정의 필요품", "신여성, 신가정에 아지노 모도는 없지 못할 것", "문화적인 가정에 없어서는 안 될 조미료", "가정의 필요품" 등은 모두 아지노모도 광고에 등장한 문안이었다. 아지노 모도를 가정의 필수품으로 선전하면서 '문화적'이고 '이상적인' 가치를 선점하려는 전략이었다.

광고 상품이 가정에 필요하다는 설득 전략에 신조어가 더해지기 도 했다. '가정약', '가정상비약', '회중약(懷中藥)'은 일본의 대학목약 회사가 의약품 소비 의례를 정착시키고자 활용한 신조어다. 근대적 건강을 장착할 수 있는 사람은 다름 아닌 의약품을 구매할 수 있는 소비자이며, 해당 신조어는 소비 행태를 정착시키기 위해 고안된 구체적 전략의 일환이다. 알려지지 않은 신제품을 널리 보급하기 위해 기업이 가정이라는 소비 단위를 겨냥해서 가정상비약이라는 새로운 용어를 고안해낸 것이다.

가정이 갖가지 상품으로 채워지는 데는 오랜 시간이 걸리지 않았다. 구매력이 있는 중상층 계급은 다양한 가정용품을 구매해 신식 가정을 채웠다. 당대 상층 가정의 풍속을 재현한 소설 작품을 보면 가정에 즐비한 갖가지 신상품 묘사가 눈에 띈다. 광고가 직접 소비주의를 설파하는 예술이었다면, 문학과 예술은 좀 더 풍부하게 근대의 소비문화를 묘사하고 전시했다. 실제로 상품을 마음껏 구매할 수 있는 부유층은 극소수였지만 소비문화는 광범위하게 퍼져 있었다. 구매력이 부족한 대부분의 사람은 저가품이나 모조품을 소비했으며, 아예 소비력이 없는 사람은 신식 상품과 신식 가정의 환상이라도 소비했다.

광고가 제시하는 가정은 화목하고 단란해 보이지만, 기업이라는 가부장의 명령과 필요에 따라 상상된 이미지다. 근대의 '홈, 스위트 홈'은 전통 가정에서 작동했던 엄격한 위계를 무너뜨리며 새로운 자본주의적 가족 모형을 만들어냈다. 비정하고 경쟁적이고 바쁘게 돌아가는 바깥세상과 비교했을 때 새로운 홈은 유일한 안식처요, 따뜻하고 호혜적인 곳으로 제시됐다. '공과 사의 분리는 자본주의의 핵심'[28]으로, 가정 밖 영역은 남성 가장 노동자를 중심으로 경쟁과 효율, 속도를 추구하는 곳으로 여겨진 반면, 가정은 지친 몸을 쉬고 다시 노동 가능한 상태로 재생하는 데 필요한 휴식과 위안, 오락이 제공되는 곳으로 여겨졌다. 하지만 누구나 경험하듯 가정과 사회는 분리되어 있지 않으며 가정은 위안으로만 채워진 공간이 아니다.

비자본주의적으로 보이는 가정은 자본주의와 모순되거나 자본주의가 관여하지 않는 호혜의 영역이 아니라 바로 자본주의가 요청한 것이라는 지적을[29] 기억할 필요가 있다. 가사노동도 화폐 교환의 원리로 돌아간다면 노동력을 재생산하는 데 드는 비용은 기하급수적으로 늘어날 것이다. 가정은 안식과 재생의 공간처럼 보이지만, 여성들의 그림자 가사노동이 요구되는 곳이다. 바깥노동과 가사노동은 둘 다 노동이지만, 자본주의 사회에서 직접 화폐를 벌어들이지 않는 노동은 평가절하되며 노동으로 쉬 인정받지 못한다.

가사노동만 평가절하된 것이 아니다. 일부 중상층 계급을 제외한 거의 모든 가정이 안팎 구분 없이 돈을 벌기 위한 노동에 종사해야 가계가 유지될 수 있었던 역사적 현실은 쉽게 무시된다. 이것이 노동의 젠더가 남성이며 한국 노동사가 남성 노동자의 역사로 쉽게 상정되는 이유다. 많은 여성 노동력은 노동시장에서 저평가되어왔다. 일부 중상층을 제외하면 '집에서 살림만 한다'는 주부도 돈벌이할 수 있는 일을 끊임없이 찾아야 했는데, 보험 아줌마, 야쿠르트 아줌마, 화장품 아줌마와 같은 주부 특화 직종이 대표적인 예다. 소설《82년생 김지영》(2016)에 나오는 어머니처럼 부업 형식의 재택근무를 하는 경우도 흔했다. 그러나 실밥 뜯기, 상자 조립하기, 봉투 붙이기, 마늘 까기, 문풍지 말기 등과[30] 같은 헤아릴 수 없이 많은 부업은 비공식 경제활동으로 추산될 뿐이다. 오늘날 신자유주의 사회에서는 노동시장의 불안정이 가속화되면서 평생직장의 개념이 소멸한 가운데 남성 가장의 수입만으로 유지되는 가정은 실제로 많지 않다. 여성도 '일하지만' 여성의 노동은 저평가되기 쉽고 여성의 '경력은 단절'되어 가계 부수입 정도로 처리된다.

여성 노동은 낮은 고용률, 경력 단절, 적은 임금, 좋지 않은 일자리 질을 특징으로 하며, 커다란 젠더 격차를 보여준다는 사실이[31] 반영하듯 여성 노동의 현실은 여전히 녹록지 않다. 갈수록 불안정해지고 파편화되는 노동 현실 속에서 여성 노동자를 비롯한 청년, 이주노동자와 같은 노동시장의 약자는 벼랑으로 내몰리고 있다. 요즘 젊은이는 배가 불렀고, 여성은 남성의 일자리를 축내며, 노인은 청년의 '알바' 자리를 빼앗고, 이주노동자는 안 그래도 부족한 원주민의 일자리를 빼앗아간다는 오늘날 한국 사회에 팽배한 혐오의 수사는 덧붙여 심각한 사회문제가 되고 있다.

혐오의 폭력은 휴머니즘의 차원에서 따지기 전에 논리적으로 타당하지 않다. 갈수록 파편화되는 노동시장의 작은 파이를 나누어야 하는 데서 비롯되는 을과 을의 갈등, 을과 병의 갈등은 노동시장 문제의 핵심이 아니다. 노동시장 문제는 '노동시장의 유연화'라는 이제는 익숙해져버린 신자유주의적 노동 정책에 대한 검토에서 시작해서 저성장, 고령화라는 시대 변화를 받아들이는 데서 해결의 실마리를 찾아야한다.[32]

노동시장의 변화에 따라 가족 구조의 변화는 뚜렷해졌지만, 남성의 공적 영역과 여성의 사적 영역의 분리라는 이데올로기가 변함없이 작동하면서 남성-아버지는 아버지대로, 여성-어머니는 어머니대로 갑갑해 보인다. 현실과 달리 '브레드위너(breadwinner)'로 지정된 아버지는 필요 이상으로 책임을 지고 있다. 대부분 맞벌이를 해야 할 가정의 현실과 달리 아버지는 필요 이상의 책임감을 요구받고 필요 이상의 권위를 보장받는다. 이 권위는 돈벌이 능력과 직결되어 있으므로 실직이나 은퇴의 형태로 노동시장에서 퇴출되면 자동 박탈되는 허수아비 권위다. 과도하게, 무겁다고 여겨지는 아버지의 어깨는 1990년대 후반 IMF 체제 이후 노동시장이 급격히 불안정해진 후로는 사회 전체가 나서서 위로하고 고무해야 할 대상으로 부각됐다. "아빠, 힘내세요. 우리가 있잖아요"라는 광고 카피는 따뜻하기만 한 수사도 아니요, 사실 여부부터 점검해보아야 할 가부장적 수사다.

아버지가 경제 동물로 소외되고 있다면 어머니의 소외는 다른 양상을 떤다. 오늘날 젊은 어머니는 한 많은 옛 어머니 세대와는 달라지고 있지만 모성에 대한 눈물 어린 회고는 여전히 비일비재하다. '어머니라는 말만 들어도 왈칵 눈물이 쏟아진다'는 것은 아무래도 이상하지 않은가. 어머니의 지위가 높을수록 여성의 지위가 낮다는 지적은 타당하다. 모성이 타고나는 자연의 것이며 신성하다고 이야기될수록 가사노동은 노동으로 인정되지 않으며, 집 안에서의 낮은 지위가 집 밖으로 이어지면서 노동시장에서 여성의 노동력은 저평가된다. 그래서 '어머니는 위대하다'는 말은 모성을 존중하는 목소리가 아니라 여성의 노동권과 인권을 억압하는 목소리로 작용하기 쉽다.

시장은 비정하고 가정은 평화롭다는 이분법은 맞지 않다. 비정한 시장은 교환과 계약으로 돌아가지만 가정은 호혜와 우정으로 돌아간다는 이분법은 사실과 다르다. 자본주의 사회에서 공과 사의 분리, 바깥노동과 가사노동의 분리와 차별이 심할수록 가족중심주의에 대한 환상도 커진다. 가족중심주의는 가족을 옹호하거나 강화하려는 보수주의적 입장을 지닌다. 어쩌면 현실 가족이 무너질수록 가족중심주의가 강력하게 요청되는 것 같다.

가족은 위로와 안식의 공동체이기도 하지만 '핏줄에 대한 집착'으로 가시화되는 치열한 계급투쟁을 도모하는 단위이기도 하며, 성이나 연령의 위계가 폭력적으로 작동하는 공간이기도 하다. 가족이 신성시되고 보호받아야 할 절대적 단위가 될수록 아동 폭력과 아내 구타의 현실은 은폐되기 쉽다. 최근 들어 자주 보도되는 자녀 구타나 살해는 요지경의 세태를 반영하는 것이기도 하지만, 그보다는 아동 폭력이나 아내 구타에 대해 사회적 민감도가 높아지면서 수면 위로 부상하는 뉴스로 보인다.

아버지의 아버지다움, 어머니의 어머니다움이 덜 강요된다면 가족의 틀 안에서도 인권과 노동권을 이야기할 수 있지 않을까? 자녀를 향한 부모의 사랑도 무조건적 사랑으로 전제되기보다는 부모와 자녀가 각자 조금 더 자유로워지는 방향으로 바뀌어 가면 좋겠다. 요즘 젊은 부모 중에는 자녀를 끔찍이 귀애하여 애지중지하는 이들이 많지만, 자녀는 부모의 소유물이 아니며, 부모의 꿈을 대리하는 존재도 아니다.

오늘날 아버지, 어머니, 자녀로 구성된 '정상적' 가족 모델은 사실상 해체되고 있다. 1인 가구가 급증하고 세대를 초월해 이혼율도 높다. 이곳 사회가 가족 안에서는 구성원의 인권과 자유를 이야기해나가고, 나아가서는 '정상 가족' 외의 다양한 가구 형태를 받아들이는 사회로 나아가기를 희망한다.

# 광고가
## 겨냥한
# 신체와 감각

# 3:

광고가 말하는 것은 한 가지다. 해당 상품을 사라는 것이다. 당신이 소비자가 되다면 어떤 행복과 미래가 있을지 광고는 문자 기호와 시각 기호를 통해 설득하고자 한다. 개별 상품을 홍보하기보다는 상품을 꾸준히 구매하는 소비자를 만들어내는 것이 광고의 궁극적인 목표다. 특히 100여 년 전 근대의 광고가 마주한 사람은 아직 소비자가 되지 않은 이들이었다. 근대의 광고에는 자본주의적 소비와 노동의 관습에 익숙하지 않은 사람을 소비자라는 '인조인간'으로 조직해내는 이데올로기가 광범위하게 작동하고 있다.

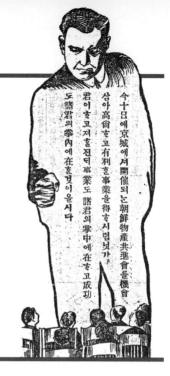

今十月에京城에셔開催되と朝鮮物産共進會를機會
삼아高尙호고有利호事業을得호시렷넛가.
君이호고겨호진더事業도諸君의掌中에在호고成功
도諸君의拳內에在호럿넛이올시다

"소비자가 없으면 제조도, 도매도, 소매도 다 존재할 수 없다."
- 한승인, 〈광고와 소비자 구매 동기〉1,《동아일보》1933년 12월 17일 자
"광고에서 상품은 항상 소비되지 않은 채 기다린다."
- 주디스 윌리암슨,《광고의 기호학》, 323쪽

# 인조인간 소비자들

근대에 들어와 시장은 확대됐다. 시장은 인간의 역사와 함께해왔지만 근대에 들어 그 규모가 확대되면서 생산자도, 소비자도 가늠하기 어렵게 됐다. 시장의 규모가 작았을 때는 소비자도 한정되어 있고 상품의 출처도 알려져 있었지만, 시장이 확대되면서 사정이 달라졌다.《경제학-철학 수고》(1844)에서 카를 마르크스는 공급은 수요를, 수요는 공급을 전혀 알지 못하는 엄청난 과잉과 낭비의 경제가 시작되면서 사치와 궁핍, 부와 빈곤이 희한하게 뒤섞인 시장이 전개된다고 설명한 바있다.

광고의 일차적 필요는 시장에 나온 낯선 물품의 정체를 알리는 데있었다. 무엇에 쓰는 물건인지 알리기 위한 기능으로 출발했던 광고는 차차 사람을 소비자로 만드는 일을 과제로 삼기 시작했다. 소비는 오래된 일상 행위였지만, 소규모 생산 경제에서 교환경제로 바뀌어가면

서 의미가 달라진다. 종래에 자가 제조되거나 물물교환 되던 물품이나 시장에서 소규모로 거래되던 물품이 대규모로 생산, 유통되기 시작했으므로 이를 구매하는 소비자라는 새로운 존재가 필요했던 것이다. 자가 생산과 소규모 소비, 절약, 절제에 익숙해있던 사람들은 화폐를 중심으로 한 생산과 소비, 낭비의 체제에 편입되면서 소비자 정체성을 새롭게 부여받았다. 소비자 집단은 종래에 상품화(브랜드 상품화)되지 않았던 물품이 상품화되기 시작하면서 요청된 새로운 존재로, 물건을 생산자로서 대면할 수 없는 사람들이다.

안정적인 판매를 위해서는 개별 상품을 알리는 일보다 꾸준히 소비할 수 있는 사람을 만들어내는 것이 더 효과적이었다. 사람을 소비자라는 새로운 인간으로 만들어내고, 나아가 특정 브랜드를 선택하는 소비자로 만들어낼 수 있다면 판매 시장은 안정적으로 확보될 수 있다. 광고가 맡은 임무는 상품이 필요한 사람을 만들어내는 일, 구체적으로는 다른 상품이 아닌 바로 광고되는 상품을 필요로 하는 사람을 만들어내는 일이었다. 아래 광고 문안에는 사람을 소비자로 다양하게 호명하는 전략이 드러나 있다.

광고 1. **"귀부인(의)** 신춘 준비품"
  - 화장품 박가분, 1927년 1월 28일,《한국 광고 100년》상, 337쪽
광고 2. **"주부여!** 일가의 건강에…"
  - 강장제 에비오스, 1934년 6월 26일,《한국 광고 100년》상, 321쪽
광고 3. **"여학생의** 개양(皆樣)"

- 초콜릿 모리나가, 1931년 3월 7일,《한국 광고 100년》상, 244쪽

광고 4. "신여화는 **신여성을** 맞으러 나왔습니다."

- 서울에 소재한 신발 가게 학우양화점,《신여성》1926년 5월

광고 5. "미발은 **신사도(紳士道)!**"

- 포마드 이두춘(伊豆椿), 1937년 5월 18일,《한국 광고 100년》상, 346쪽

광고 6. "**군(君)이** 얼굴(御顔)을 아름답게(美하게)"

- 화장료 별표, 1924년 5월 17일,《한국 광고 100년》상, 336쪽

광고 7. "겻땀의 악취로 고심하시는 **제위(諸位)**"

- 화장품 다모라, 1934년 6월 21일,《한국 광고 100년》상, 294쪽


광고는 익명의 사람들을 대상으로 하지만, 다른 누군가가 아닌 바로 광고를 보는 사람에게 호소하고자 한다. 광고는 바로 '당신'을 호명함으로써 광고 수용자를 개인으로 분리하는 전략을 쓰는 한편, 각각의 수용자를 소비대중의 무리로 통합하려 한다.' 광고는 개별적인 광고 수용자를 겨냥하는 동시에 개별 수용자를 익명의 소비 집단으로 묶어낸다. 광고 문안에 쓰이는 다양한 호명 전략은 광고가 수용자를 분리하는 동시에 통합해서 호출하는 방법 가운데 하나다.

광고 수용자의 호칭은 다양하게 나타난다. 광고는 '제위(광고 7)'로 일컬어지는 익명의 대중을 '부인', '주부', '여학생', '신여성', '신사', '군'으로 나누어 호출했다(광고 1~6). 당시 '군(君)'은 성별에 관계없이 젊은이나 손아랫사람을 광범위하게 지칭하는 용어로 쓰였다. '당신', '귀하'라는 높임말도 등장했다. '신사'나 '공(公)'이 남성 일반을 높이는 말

광고 8. "군이 하고자 할진대
사업도 제군의 손에 있고, 성공도
제군의 손에 있는 것이올시다."
화평당약방
《매일신보》 1915년 9월 9일 자

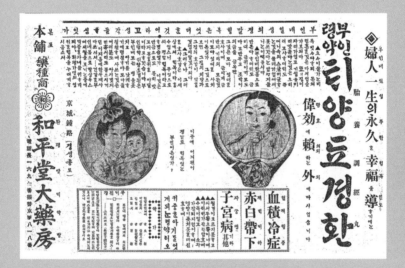

광고 9. "부인네 일생의 무한한 행복을 인도하기에는 부인 영약 태양조경환"
화평당약방의 여성 강장제 태양조경환
《매일신보》 1919년 3월 7일 자

이었다면, 여성을 존중하는 호칭은 더 다양했다. '귀녀'를 비롯해서 '숙녀', '부인', '귀부인', '신여성'이나 '현대 여성'처럼 여성을 대접하는 여러 호칭이 등장했다.

사실 '여성'이라는 말 자체가 신조어로, '계집'이나 '아녀자', '아낙'을 대신한 어휘다. 인간 존재로 인정받지 못했던 계집이 여성으로 대우받게 된 것은 민족주의적 시각이 작용한 결과다. 민족주의 관점에서 여성은 후세를 출산하고 양육하는 존재로서 그 가치를 인정받기 시작했다. 민족주의 관점에서 요청된 여성의 존재는 상품 시장에서 그 기능적 역할로 번역될 수 있었다. 상품 시장에서 여성 존재는 '새로운 소비자', 특히 '새로운 가정을 경영하는 주부', 곧 '각종 생활용품과 어린이용품 소비자'로 호출됐다. 개인보다는 가정을 소비 단위로 겨냥하는 것이 효율적인 시장 전략이었고, 당시는 '신여성'이라 해도 가정의 영역에 제한된 경우가 많았으므로 여성을 주부이자 어머니 소비자로 호출하는 광고 전략이 흔했다.

주부라는 살림 경영자는 신식 가치를 담고 있는데, 신식 주부의 구체적인 모습은 다름 아닌 각종 생활용품의 소비자였다. 실제로 살림을 과학적으로 경영하는 '주부'라든가, 육아를 고민하는 '어머님'과 같은 호칭은 여성을 생활용품과 육아용품의 소비자로 호출했다. 주부 외에 여성의 직업을 명시한 호칭으로는 '여학생', '직업부인'이나 '직업여성'이 있었고, 이들에게는 생활용품을 비롯해 다양한 미용용품이나 문화 상품이 권유됐다.

광고 문안을 보면 확실히 남성보다 여성을 일컫는 호칭이 훨씬 세

분화됐다는 점을 알 수 있다. 이유가 뭘까? 먼저 여성을 주요 소비자로 공략했던 시장의 전략을 꼽을 수 있을 것이다. 자본주의 사회에서 안과 밖이 분리되고 가정이 기존의 생산 기능을 잃으면서 '나가서' 돈을 벌어야 하는 역할과 '안에서' 살림을 하는 역할이 각각 남성과 여성의 성역할로 지정됐다. 종래 농촌 가정은 농작물을 생산하는 기능과 소비하는 기능을 모두 갖고 있었지만, 도시화가 진행되면서 도시의 가정은 화폐경제를 기반으로 소비를 담당하는 기능에 그쳤다. 가정의 생산 기능이 사라짐으로써 '밖으로' 나가서 돈을 벌어오는 시장의 주류는 남성 가장이 됐다. 성인 남성 노동자뿐만 아니라 실제로 여성 노동과 아동 노동도 많았지만 '생산하는 남성 가장 대 소비하는 여성 주부'의 구도가 짜인 것은 도시의 중상층 계급을 중심으로 주류 담론이 형성됐던 탓이다.

도시의 중상층 계급을 중심으로 한 '남성 생산자 대 여성 소비자'라는 도식과 함께 광고가 여성을 자주 호명했던 또 다른 배경으로는 소비자를 '여성적' 존재로 치부한 광고주와 광고 제작자의 '남성적' 관점을 꼽을 수 있다. 실제 광고주나 카피라이터를 살폈을 때 당대의 다른 사회 부문과 마찬가지로 남성이 압도적으로 많았다. 또한 소비대중을 어리석은 무리로 간주하는 엘리트의 관점에 성차별이 더해져서 소비자를 '여성적'으로 간주하는 경향도 흔했다. 이때 여성적이라는 수사는 여성이 소비자로 등장한 현실과는 별개로 대중을 감정적이고 유혹에 빠지기 쉬운 무리로 폄하하는 수식어다. 당시 세계 광고 시장의 선두에 있었던 미국을 봐도 광고주나 광고 제작자의 절대 다수를 구성했던 백인 남성 엘리트는 대중을 어리석고 '여성화된' 무리로 간주하고 소비를 교육하고자 했다.

여성 외에 새로운 소비 주체도 시장에서 호명됐다. 소비자를 연령별, 성별로 나누어 소비자 층을 구분하고 그에 적합한 물건을 제작, 판매하는 시장 세분화 전략의 일환에서 '어린이', '소년', '소녀', '청년', '청소년'이 호명됐다. 어린이는 성인이 되기 전의 미숙한 인간 존재인 '애(어린애)'를 대신한 용어다. 전통적인 장유유서의 사회에서 어린애는 미성숙한 어른 정도로 치부되고 괄시받기 일쑤였지만, 민족주의 관점에서는 미래의 씨앗으로 새롭게 조명됐다. 민족적 차원에서 재평가된 어린이는 상품 시장에서 미지의 소비 주체로 등장했는데, 특징적인 점은 구매자가 아닌 사용자의 역할로 등장했다는 점이다.

제품의 사용자는 어린이지만 구매자로는 보호자인 어머니가 빈번히 호출됐다. 예를 들어 어느 비누 광고는 아기를 등장시키며 비누 목욕을 설파하면서 어머니를 소비자로 호출했다. "어머님네는 아시고 계십니까? 애기네가 목욕하기 싫어하는 이유는 석감에 대한 주의가 부족했던 경우가 많습니다"(가오 비누 광고, 《조선일보》 1934년 5월 15일). 어머니는 양육과 가내 살림의 책임자로 지명되면서 어린이용품의 구매자로도 호명되었다.

젊은이는 좀 더 쉽게 설득될 수 있었던, 상품 시장에서 명백히 매력적인 주체로 등장했다. 자본주의 사회에서 젊음은 더 이상 연령의 위계에 눌리는 후발 주자가 아니다. 이전 세대로부터 전수해왔던 노인의 지혜는 소규모 공동체 사회에서 인정을 받았지만, 자본주의적 노동

주기 속에서는 더 이상 평가받지 못한다. 오히려 노인은 변화에 뒤처지고 시대를 따라가지 못하는 잉여의 존재로 치부되기 쉬웠으며, 실제로 생산력으로 기능하지 못하고 소비력도 쭈그러든 쓸모없는 존재가 되기 쉬웠다. 오늘날처럼 수명이 길어지면서 노인이 새로운 소비층으로 겨냥되기까지는 긴 시간이 소요된 셈이지만, 젊은이의 부상은 근대 초입부터 지금까지 변함이 없다. 자본주의 사회가 상찬하는 젊은이는 생산력의 주체이면서 변화에 유연해 소비력이 높은 층이기 때문이다. 젊은이는 변화와 유행에 민감한 주요 소비 계층이다.

'어린이', '청년'에서 '숙녀'와 '신사'에 이르는 여러 호칭이 당시 사람에게 충분히 새로웠던 까닭이 있다. 애 대신 '어린이', 계집 대신 '여성', 몰락하는 '노인'과 부상하는 '청년'이 사회 변화의 새로운 가치를 반영하는 호칭일 뿐만 아니라, 근본적으로는 신분사회에서 해방되기 시작한 개별자를 지칭했기 때문이다. 어느 대감 집 장손이라든가, 누구네 며느리와 같이 신분제 혈족사회에서 정의됐던 사람들은 새로운 개별자로 정의되기 시작했다.

근대인은 개별자로 호명되는 동시에 익명의 무리로 균질화된다. 신분에 종속되지 않는 자기 정체성을 개발하게 되는 과정은 군중, 대중이라는 익명의 새로운 무리로 조직되는 과정이기도 하다. 각기 다른 시공간에 살던 사람들은 교통과 통신의 발달로 상품 주위로 모여들면서 균질적 무리로 재탄생한다. 동시대의 철학자 베냐민은 1930년대에 쓴 《아케이드 프로젝트》에서 새롭게 탄생한 군중을 상품 주위로 집결한 잠재적 고객으로 보고, 시장을 중심으로 특정 계급에 속하지 않는 무리가 급속도로 확대돼갔던 근대적 현상에 주목했다.

익명의 소비자 무리가 탄생하면서 마을 공동체에서 전수되고 통용됐던 지식과는 다른 새로운 지식과 기술이 중요해졌다. 사람들은 소규모 공동체에서 공유됐던 사적이고 가족 내적이며 공동체 내적인 충고의 채널에서 분리되기 시작했으며, 급격한 사회 변화나 새로운 복잡성에 대처할 충고자가 필요했다.[2] 신학문이나 신문, 잡지와 같은 새로운 지식과 문화 채널이 근대 지식의 유통을 담당했고, 그 가운데 광고도 신지식 전수자의 역할을 자처했다. 광고는 상품을 통해 기업이라는 새로운 가부장의 안내와 충고, 교육을 전달하는 역할을 하면서 다른 문화 예술과 달리 소비주의를 직접 설파했다.

광고는 사람들에게 이것을 얼굴에 바르라(광고 1), 가족 건강을 위해 이것을 챙겨라(광고 2), 부인 강장제로는 이것이 좋다(광고 9), 성공하는 길을 가르쳐주겠다(광고 8), 이것을 사용하면 당신은 신여성이며 신사일 수 있다(광고 3, 4, 5)고 충고한다. 광고는 새 시대의 지식과 지혜의 교육자로 자처하며, 상품 생산자인 기업의 가르침을 직접 전달한다. 놀랍게도 종래의 가부장과 대조적으로 광고라는 새 가부장은 폭압적이지 않고 친절하다. 광고는 세심하기 그지없어서 심지어 당신의 겨드랑이까지 신경을 써주겠다고 한다(광고 7). 상품이라는 과학 기술의 집약체가 소비자로서의 당신을 존중하면서 기꺼이 봉사하겠다고 대기한다.

광고는 새로운 기업 가부장의 목소리를 대변하는 과정에서 합리적 기술의 집약체인 상품을 통해 '소비민주주의'를 설파한다. **신분 질서가 붕괴되는 상황에서 사람들이 경험한 자유주의, 민주주의를 일상**

**적으로 감각되는 차원에서 정의한다면 바로 소비민주주의 아닐까?** 근대의 민주주의는 더 이상 신분이나 혈연에 따라 존재가 규정되지 않고 화폐와 소비를 통해 자유를 구가하는 일상의 민주주의라 할 수 있다. 화폐를 지불하고 소비자가 된다면 누구나 동등하게 대접받을 수 있다.

소비민주주의 중심에는 화폐라는 합리적이고 막강한 단독자가 있다. 화폐와 교환되는 상품 앞에서는 누구나 평등하다. 양반도 상놈도 없고 남녀와 노소의 차별, 민족과 인종의 차별도 존재하지 않는다. 모두 소비자라는 새로운 이름을 부여받고 소비자로서 동등하다. 일본의 귀부인이든, 조선의 촌 아낙이든, 나이 많은 남성이든, 어린 여성이든 똑같이 소비자로서 대접받는다. 상품이라는 기술 집약체는 당신이 누구든 간에 소비자만 된다면 '묻지도 따지지도 않고' 서비스할 준비가 되어 있다. 이것이 '소비자 주권(consumer sovereignty)'을 역설하는 소비민주주의의 달콤한 속삭임이다.

어느 약 광고의 문안이 소비민주주의를 쉽게 설명해준다. "세상은 좋은 세상이다. 과거(昔日)에는 특별한 귀족, 양반만 쓰던 비방보약인데, 현대에는 누구든지 자유로 쓸 수 있게 됐다"(강장제 백보환 광고, 1936). 양반 물품이 따로 없이 누구나 약값만 지불하면 효능 좋은 비방보약을 쓸 수 있다는 것이다. 이 약 광고는 귀족과 양반이 따로 없이 소비자라는 이름으로 누구나 동등해진 세상의 변화를 알려준다.

다만 소비민주주의가 역설하는 해방과 자유, 평등이란 어디까지나 상품의 사용가치로서의 평등이지 교환가치로서의 평등이 아니다. 상품의 쓸모는 동일하지만 누구나 상품의 구매자가 될 수 있는 건 아니다. 돈이 있어서 소비자가 될 가능성이 있다면 당신은 무지렁이라도, 여성이라도 대접받겠지만, 돈이 없다면 똑같은 이유로 인정받지 못한다. 돈이 있느냐, 없느냐에 따라 차별하고 구분하는 세태를 새삼 설명할 필요는 없겠다. '돈이 원수'라는 관용구나 '돈으로 살 수 없는 것들'이라는 어느 베스트셀러의 제목은 돈이 전부처럼 여겨지기 쉬운 요즘의 세태를 말해준다.

상품 시장에서는 매끈한 신상품이 당신을 잠정적인 소비자로 존중하고 대접하지만, 실제로 상품을 구매할 수 있느냐, 없느냐를 결정하는 화폐 소유의 문제는 고스란히 남겨져 있다. 선택의 자유, 소비자 주권이라는 이데올로기는 계급에 토대를 둔 구매력의 실질적인 불평등을 은폐한다.[3] 사소한 소비로 자유와 만족을 누릴 수 있지만 사회 구조적인 불평등은 가려지기 쉽다. 따라서 소비민주주의는 "사회적으로 계층 간 격차를 그대로 유지하면서 평등한 민주주의의 도래를 가능하게 한다"[4]라고 말할 수 있다.

이제 마지막 문제가 남아 있다. 상품 구매력이 문제가 되기 위해서는 '상품은 필요한 것'이라는 전제가 성립되어야 한다. 상품의 필요를 설득하는 일은 이미 당신을 소비자로 호출하고 소비자가 인간의 필연적 존재 조건인 것처럼 구성해내는 일과 맞닿아 있다. '이 상품은 필요하다. 그러니 구입하라'는 광고의 전략은 다양하게 변주되지만, 큰 줄기는 다음과 같이 요약할 수 있다. '당신은 소비자로서만 존재 가치를 지닌다.' 광고는 당신을 신사, 숙녀로 대접하지만, 실상은 신사다움, 숙녀다움을 박탈한 주체를 만들어낸다. 같은 맥락에서 소비자가 되지 못한다면 어린이답지 않은 어린이, 젊은이답지 않은 젊은이, 어머니답지 않은 어머니로 전락해버리기 쉽다.

따라서 사람들은 상품 앞에서 '벌거벗은 주체'와도 같다. 당신은 그대로이지만 해당 상품을 구입하지 않으면 시대에 뒤처진 사람, 결핍된 사람이며, 아름답지 않은 사람, 비위생적인 사람이 되기 쉽다. 얼굴을 아름답게 만들어준다는 '별표 화장료(광고6)'는 미를 박탈당한 존재로 당신을 호출한다. 당신의 겨드랑이는 예전과 다름없지만 어느새 당신은 악취를 염려하는 위생적 현대인으로 호출된다(광고7).

사람들이 박탈당한 아름다움과 청결함, 신사다움, 현대인다움은 바로 광고의 소비주의가 박탈한 것이고, 곧 상품 소비를 통해 획득할 수 있는 것이다. 그래서 광고는 즐겁게 속삭인다. 모든 것이 충분히 가능하다고. '광고에서 상품은 항상 소비되지 않은 채 기다리므로' 광고의 세계는 신화적 미래라 할 수 있다. 상상 속 미래의 시간, 즐거움의 허위 미래가 광고 속에 펼쳐진다. 광고라는 설득 예술의 시제를 따지자면 광고의 시제는 늘 미래다. 끊임없이 지연되는 미래다. 만족하는 순간 미래는 현실이 되겠지만, 다시금 현실을 불만족으로 몰아갈 소비주의의 속삭임이 당신의 욕망과 끊임없이 접속할 테니 말이다.

"도회 사람들은 타는 것을 좋아합니다. 오늘 아침밥을 굶어도 옷치레와
얼굴치레와 신발치레와 ×치레가 필요하고
종로 거리에서 동대문만 가도 타고 가야 합니다."
- 《조광》 1936년 8월, 권두(× 부분은 해독 불능)

# 인조인간 프로젝트 1: 연출되는 몸

근대에 들어오면 외양이 중요해진다. 이전이라고 중요하지 않았던 것은 아니지만, 의복과 장신구를 포함한 신체의 표식은 완전히 개편된다. 옛 신분사회에서는 계급에 따라 외양을 구성하는 물품이 지정되어 있었다. 양반과 평민의 복색이 구분됐고, 왕에게만 허락된 색깔과 문양이 있었다. 심지어 자연물에까지 신분의 구별이 매겨져 있었는데, 여름에 피는 능소화는 양반집에만 심었다고 해서 양반꽃으로 불렸다. 70대 초반인 필자의 아버지가 양반꽃을 기억할 정도이니 신분제도가 무너진 후에도 뿌리 깊은 차별은 오랫동안 관습으로 작용한 것 같다.

하지만 뿌리 깊은 관습과는 별개로 신분제가 무너지면서 많은 변화가 생겨났다. 사람들이 개별자로 규정되지 못했던 전근대의 신분제 사회와 달리 출세한 사업가, 청년, 여학생과 같은 새로운 인간형이 나타났다. 내외가 엄격했던 시절과 달리 양반집 부인이 얼굴을 내놓고

거리를 활보하는 일도 생겼다. 학생, 오피스걸, 샐러리맨, 공장 노동자와 같은 새로운 직군이 나타났고, 새 직군에 맞는 새로운 행색이 구성되기 시작했다. 신분제 사회의 해체에 따라 각자 외양을 연출할 수 있는 선택의 자유가 주어진 셈인데, 외양 연출의 과정을 들여다보면 새 직군이 요구하는 패션의 관례가 어떻게 형성되는지 볼 수 있다.

특히 도시에 거주하는 사람에게 외양은 중요하게 작용한다. 예전에 옆 마을과 뒷마을에 사는 사람까지 다들 알고 지낼 만큼 교류의 폭이 좁고 이동성이 낮았던 시골 공동체와 달리 도시는 익명의 많은 사람이 모여드는 곳이다. 잘 알고 지내는 사이에서는 외양의 표식이 그리 중요하게 작용하지 않는다. 하지만 익명의 무리가 오가는 복잡한 도시에서 외양은 낯선 사람들이 서로를 신속하게 판단할 수 있는 기준이 될 수 있다. 분주한 도시 생활에서 사람들은 상대방을 들여다볼 여유가 없게 마련이다.

외양이란 얼굴과 몸에 한정되어 있지 않다. 더구나 외양은 타고난 자연의 외양을 가리키지 않는다. 자연적 유전의 결과보다는 신체가 관리되고 치장되는 방식이 외양을 결정짓는 경우가 많다. 따지고 보면 외양은 얼굴 생김새에서 나아가 얼굴을 뒷받침하는 것, 자연 그대로의 신체가 아닌 신체에 관련된 다양한 물품과 장치를 포함한다. 의복과 신발, 각종 장신구와 같은 상품은 신체 보호의 물리적 기능을 넘어 사회적 기호로 폭넓게 작용한다. 누군가의 옷과 신발, 가방, 자동차를 보면 그 사람이 어떤 사람인지 짐작할 수 있다. 따라서 근대인의 육체는 타고나는 것이 아니라 만들어지는 것이며, 몸은 자연적이지 않고 어디까지나 사회적이다. '자본'을 사회적 경쟁 에너지로 폭넓게 정의한다면 자본 중에서도 육체자본은 가장 강력한 경쟁 에너지 중 하나다.

근대에 들어 외양이 개편되는 과정은 외양을 구성하는 표식이 다양하게 상품화되는 과정이라 할 수 있다. 의복과 신발을 비롯해 모자와 양산, 안경, 단장, 양말, 화장품 등 앞다투어 근대인의 외양을 구성하는 상품이 쏟아져 나왔다. 어떤 옷을 입어야 매력적인 인상을 연출할수 있는지, 별 볼일 없는 사람이 아니라 뭔가 있어 보이는 사람이고자한다면 어떤 신발과 가방을 선택하는 게 좋을지 광고는 유행과 스타일의 문법을 열심히 만들어냈다.

외양의 문제가 곧 외양을 구성하는 상품 기호의 문제이며 유행이라는 소비 주기와 연결된다는 사실을 광고 1과 2는 잘 보여준다. 두 광고는 당시에 유행했던 장신구와 옷, 신발을 선전한다. 광고 1은 1910년에 나온 모자 상점 광고로 "모자는 문명의 관(冠)이라"라는 인상적인 문안을 내걸었다. 신식 모자 쓰기를 문명적 행위로 일컬은 당대의 어휘 감각을 오늘날로 옮겨보자면 '핫하다', '힙하다' 정도가 아닐까. 근대의 풍경 사진을 보면 모자 쓴 사람이 유난히 많은데, 어린아이나 평민이 아닌 다음에야 모두 머리에 뭔가를 쓰거나 걸치고 다녔던 옛 사회의 풍습도 신식 모자 열풍에 영향을 미친 것 같다.

"내지 및 구미 각국으로부터 참신(嶄新) 유행의 모자를 직수입"한다는 일본인 상점(광고 1)은 서울의 일본인 상점 거리였던 진고개(충무로와 남대문, 명동 일대)에 있었다. 조선이 일본의 식민지가 되면서 직수입이라는 기표는 서유럽과 미국의 물품을 가리키는 경우가 일반적이

광고 1. "모자는 문명의 관이라.
구미 동경 참신 유행 모(帽)"
서울의 미나토 상점
《매일신보》1910년 11월 26일 자

광고 2. 나고야에 있는 금성상회의
의류, 신발 광고
《조선일보》1934년 10월 14일 자

었다. 내지(內地)로 일컬어졌던 일본의 물품도 고급과 유행의 기표를 담보했지만, 일본을 거치지 않고 서유럽과 미국에서 직접 수입됐다는 물품은 한반도에서 더욱 인기가 높았다. 당대 직수입의 기표는 '문명'이나 '문화', '최신 유행'으로 쉽게 받아들여졌다.

광고 2는 1934년의 유행 스타일을 보여주는데, 이른바 신사복이나 아동복, 학생복, 신사화나 숙녀화의 전형을 제시한다. 광고 1보다 20년 이상 경과한 시점에 나온 이 광고에는 더 이상 '모자는 문명의 관'이라는 식으로 소비자를 훈육하는 목소리가 드러나지 않고 유행 스타일이 나열되어 있다. 실제로 1930년대만 해도 고가였던 기성복은 일반적이지 않았고 천을 사서 옷을 지어 입는 일이 흔했지만, 광고 2는 얼마간 신식 기성복이 확산되던 정황을 알려준다. 신문에도 특정 연도, 특정 계절의 유행을 예고하는 양복 스타일을 소개하는 사진과 기사가 곧잘 실리곤 했다.

유행은 군중 다수가 참여하는 형식을 취하므로 '유행에 앞서 간다' 혹은 '유행에 뒤처진다'는 말이 성립한다. 유행에 뒤처지면 불안해지는 군중심리를 문학평론가 김남천은 이렇게 일갈했다. "저것을 입지 못하고 저것을 신지 못하고 저것을 얼굴에 바르지 못하면, 나는 '지다이오꾸레(時代遲れ)'로 보이고, 둔감으로 웃음거리가 되고, 가난뱅이로 푸대접을 받고, 시골뜨기나 구세군이나 전도부인으로 간주될는지도 모르겠다."[5] '지다이오꾸레'는 촌스러운 사람, 후줄근한 사람, 초라해 보이는 사람을 일컫는 일본어로, 유행에 뒤처진 사람을 가리킨다. 빈한해 보여 홀대받지 않으려면 적당한 상품으로 차리고 나설 필요가 있다는 말이다.

유행 상품으로 구성된 '치레'가 얼마간 필요한 것인데, 치레는 상품에 한정되지 않고 상품을 이용하는 사람의 태도와 행동까지 포괄한다. "도회 사람들은 타는 것을 좋아합니다. 오늘 아침밥을 굶어도 옷치레와 얼굴치레와 신발치레와 ×치레(말치레로 추정됨)가 필요하고, 종로 거리에서 동대문만 가도 타고 가야 합니다"라는 말은 1930년대 중반 대중잡지《조광》(1936년 8월)의 권두 화보에 실린 문구다. 끼니 챙기는 게 어려운 형편이라도 도시인들은 옷과 신발을 갖추고 얼굴을 꾸미고 나서야 한단다. 교통비를 지불하면서 탈것을 찾는 사람들의 습성도 마찬가지다. 당시 십릿길(4킬로미터)이야 예사로 걸어 다녔던 사람들에게는 도시 사람들이 뻔질나게 버스와 전차, 자동차를 이용하는 행태가 낯설게 보였을 것이다.

광고 3과 4는 근대인의 머리치레를 보여준다. 각각 양모료(광고 3)와 미발액(광고 4)으로 오늘날로 치면 헤어스타일링 제품이라 생각하면 되겠다. 신상품이 출시되면서 오이나 수세미, 동백과 같은 자연물에서 얻었던 세정액과 머릿기름은 점점 구식으로 치부된다. 근대인에게 필요한 머리치레는 비누나 샴푸를 비롯한 각종 양모료나 미발액과 같은 상품으로 구성된다. "손질을 잘한 머리"(광고 3)란 다른 게 아니라 해당 모발용품을 사용한 머리다. 광고는 머리 냄새를 악취로 만들어내고 비듬을 문제 삼아(광고 4) 위생적 매너와 "현대의 교양"(광고 3)을 설득한다. 소비일상의 차원에서 교양인과 현대인의 모습은 신상품을 구입하여 비듬과 머리 냄새를 관리하는 사람으로 구체화된다.

광고 3. 모발용품(양모료) 요우모토닉구
《조선일보》 1940년 5월 24일 자

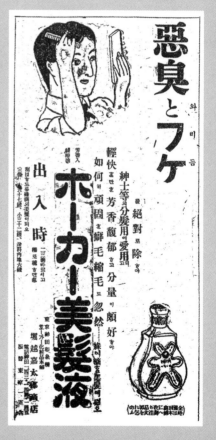

광고 4. 모발용품(미발액) 호카
《매일신보》 1920년 5월 25일 자

소비 실천의 핵심에는 신체가 있다. 머리 모양을 비롯해서 옷이나 신발, 음식, 주거 행태와 오락은 신체에 밀접한 다양한 소비 실천에 해당한다.[6] 신체를 둘러싼 각종 상품이 물리적 필요뿐 아니라 사회적 기호로 기능한다고 할 때 신체는 다양한 방식으로 나타나는 계급화된 취향이 가장 뚜렷하게 객체화된 형태[7]라고 할 수 있다. 취향이 지닌 계급성은 신체와 신체를 둘러싼 소비 행태를 통해 단적으로 드러난다.

취향은 타고난 것으로 보이기 쉽지만 훈련되고 습득된 결과물이다. 고상한 취향, 싸구려 취향은 정해져 있지 않다. '고상하다', '저급하다'라는 가치 평가는 사회적 합의의 문제이고, 취향은 후천적 교육과 훈육의 결과물이다. 신체가 보여주는 계급적 취향의 문제는 몸가짐이나 태도의 문제와도 연결된다. 지위에 어울리는 복색이 요구되고 약속되듯이 지위에 어울릴 법한 태도와 스타일이 있다. 은행원이나 시장 상인을 떠올릴 때 정형화된 복색이 있듯이 '학생답다', '아저씨다'라고 했을 때 떠오르는 외양과 태도가 있다. 특히 'ㅇㅇ다움'이라는 말은 개인의 정체성을 구속하는 강력한 힘을 발휘한다.

**개인의 계급과 정체성을 규정하는 취향의 문제가 다름 아닌 소비 실천을 통해 훈련된 결과물이라는 데 주목할 필요가 있다.** 의복과 장신구, 교육상품과 문화상품은 어떤 옷을 입었나 하는 외양의 문제에서부터 말이나 행동거지, 나아가 여가와 취미 활동에 이르기까지 영향을 미친다. 흔히 쓰이는 '매너'나 '애티튜드'는 한 사람을 구성하는 소비 품목과 그에 어우러지는 태도를 통칭한다.

100여 년 전의 매너를 보자면 치마저고리 차림보다는 양장 차림,

낡은 구두를 신은 사람보다는 새 구두를 신은 사람이 매너가 있고 애 티튜드를 갖춘 쪽에 속했다. 주춤거리고 멀뚱거리기보다는 빠릿빠릿 하게 행동하는 사람이 세련된 도시인이자 서울 사람에 가까웠다. '서울 사람=문화인=교양인'의 도식이 성립하려면 시골뜨기의 존재가 필요 하다. 무지하고 촌스러운 시골뜨기가 있어야 교양 있는 도시인이자 서 울 사람이라는 대립항이 성립할 수 있는 것이다.

시골뜨기나 후줄근한 사람, 시대에 뒤처진 사람처럼 보이지 않으 려면 사투리를 고치고 행동거지도 수정할 필요가 있었다. 김유정의 소 설 〈소낙비〉(1935)에는 어느 산골 부부의 서울 수업이 그려지는데, "합 세"를 "하십니까"로 고치고, "하게유"를 "하오"로 고쳐야 시골뜨기라고 무시받지 않는다는 대목이 나온다. 서울 바람을 한 번 쐬어 본 남편은 부인에게 서울행 교육을 하며 상경을 꿈꾼다.

"이번이 서울 처음이지?" 하며 그(남편)는 서울 바닥 좀 한번 쐬었다고 젠체하며 팔로 아내의 머리를 흔들어 물어보았다. 성미가 워낙 겁겁한 지라 지금부터 서울 갈 준비를 착착 하고 싶었다. **그가 제일 걱정되는 것은 촌구석에서 자라먹은 아내를 데리고 가면 서울 사람에게 놀림도 받을 것이고 거리끼는 일이 많을 듯싶었다. 그래서 서울 가면 꼭 지켜 야 할 필수 조건을 아내에게 일일이 설명치 않을 수 없었다.**
**첫째 사투리에 대한 주의부터 시작됐다.** 농민이 서울 사람에게 꼬라리 라는 별명으로 감잡히는 이유는 무엇보다도 사투리에 있을지니 사투리는 쓰지 말지며 "합세"를 "하십니까"로 "하게유"를 "하오"로 고치되 말끝을 들지 말지라. 또 거리에서 어릿어릿하는 것은 내가 시골뜨기요 하는 얼띤 짓이니 갈 길은 재게(서둘러) 가고 볼 눈은 또렷또렷하게 볼지라 하는 것들이었다. 아내는 그 끔찍한 설교를 귀담아 들으며 모기소리로 '네, 네' 했다.

- 김유정, 〈소낙비〉, 전신재 엮음, 《김유정 전집》, 강, 2007(개정판), 49쪽
(일부 방언을 수정함)

인용 대목에는 남편이 아내에게 하는 서울 수업의 내용이 실감 나게 그려져 있다. 아내는 촌사람인지라 서울 사람에게 놀림을 받을 게 뻔하니 남편은 "서울 가면 꼭 지켜야 할 필수 조건"을 아내에게 일일이 설명한다. 먼저 "사투리에 대한 주의부터 시작"해서 행동거지나 표정을 단속하고 서울 풍습이나 생활 방침에 이르기까지 남편의 설교 내용은 다양하다.

얼핏 보면 남편은 서울 바람깨나 쐰 계몽가처럼 비치나 실상은 아내를 등쳐먹고 사는 전형적인 노름꾼이다. 〈소낙비〉는 1935년 《조선일보》의 신춘문예 1등 당선작으로, 소설에는 아내를 성 판매로 몰아 노름 밑천을 마련하며 구타를 일삼는 한 세기 전의 남편의 모습이 그려져 있다. 중·고등학교 교과서에 실린 김유정의 〈봄봄〉이나 〈동백꽃〉의 분위기와 달리 작가의 많은 단편소설에는 가부장제의 남녀 위계 관계가 극적으로 제시된 경우가 많다. 자세한 논의는 필자의 논문 〈가부장 권력과 화폐 권력의 결탁과 경합〉(2018)을

참고하시기 바란다.

___

서울에 산다고 해서 다 서울 사람은 아니다. 필자는 울산이 고향인데 1990년대 중반 서울로 유학을 오게 되어 첫 상경하던 즈음이 기억난다. 낯선 지하철을 타고 가면서 '서울 사람은 어떤 사람들일까' 하며 열심히 관찰했던 기억도 난다. 대도시인 수도 서울에 적응하기 위해 필자가 서울 소개 책자를 구입하고 사투리를 고치려 노력했던 것처럼, 옛날에도 서울 사람이 되기 위해 필요한 것이 있었다. 어수룩하거나 허투루 보이지 않기 위해 필요한 것은 다름이 아니라 뭔가 있어 보이게 만드는 문화자본일 테고, 문화와 교양의 실체는 바로 문화상품으로 구성됐다. 시장에는 교양을 설득하는 다양한 문화상품이 출시됐다. 교양과 위생은 작은 모발 제품(광고 3, 4)을 통해 일부 획득할 수 있었으며 나아가 교양적이고 문화적으로 일컬어지는 다양한 소비 실천을 통해 성취할 수 있었다.

도시화가 시작되던 근대 초기에 교양과 세련을 구성한 기표는 오늘날에는 완전히 정착되어 익숙해진 것이다. 광고 5, 6에서 근대적 '실무' 노동과 함께 제시된 '여행'이나 '산책(산보)', '운동'은 새로운 여가 활동으로서 교양적이고 위생적이며 문화적인 가치를 띠는 활동이다. 근대적 사무 노동을 하는 사람, 산책이나 여행을 하는 사람은 '사무가' 요, '운동가'이며, '신사', '숙녀'라는 이름으로 명명된 도시인이고 현대인이요, 이들의 실체는 바로 상품 소비자다.

광고 5. "실무, 여행, 산보에는 잊지를 마십시오. 손목(腕卷)시계를!"
중앙당
《조선일보》 1926년 5월 28일 자

광고 6. "신사와 숙녀의 풍채"를 아름답게 하고 "여행가와 운동가의 쌍족(두 다리)을 경쾌"하게 만드는 신발 서울 종로의 세창양화점 《동아일보》 1920년 5월 1일 자

광고 5와 6에 소개된 여행과 산책, 운동은 모두 근대적 여가 활동이다. 전통 놀이로는 연날리기나 제기차기, 돌싸움, 주먹싸움, 바둑, 돈치기와 같은 오락이 계승되는 한편, 축음기와 레코드 감상, 영화 관람, 산책이나 야외 소풍(원족), 하이킹, 스포츠 등이 현대인의 오락으로 등장했다. 여가(레저)라는 말 자체가 자본주의화 과정에서 나타난 신조어다. 여가는 자본주의 사회에서 노동의 대립물을 가리키는 말로, 정해진 시간 동안 노동을 하고 나머지 시간에 휴식과 재생산을 위한 여유를 갖는 일상의 행태를 지시한다.

농촌과 산촌, 어촌의 생활 리듬이 해와 달의 움직임에 바탕을 둔 농사철과 조업철에 따라 구성됐다면, 도시인의 생활 주기는 출퇴근과 휴일의 리듬에 따라 돌아간다. 자연시간이 아닌 기계시간, 시계시간이 도시인의 노동과 여가를 구획한다. 학교나 공장, 회사는 시계시간에 따라 인간의 신체를 훈육하는 대표적인 곳이다. 시공간을 획기적으로 압축해낸 철도와 우편에 흐르는 시간 역시 시계시간을 기준으로 한다.

자연시간이 아닌 시계시간에 따라 움직이는 사람, 여름휴가와 겨울휴가를 떠나고 여행을 가는 사람, 산책이나 운동을 즐기고 음악 감상이나 영화 관람을 취미로 즐기는 사람은 모두 충분히 새로운 존재들이었다. 교통과 통신 시설의 발달을 배경으로 다양한 문화·오락 상품의 소비를 통해 비로소 여행이나 운동이라는 새로운 오락과 취미 활동이 가능해졌던 것이다. 남성 양반 계급의 공적 외유가 주를 이루었던 전통적 여행이 현대인의 휴가 행태로 변모한 것처럼, 스포츠도 새롭게 의미를 부여받는다. 땀을 흘리고 경박하게 몸을 놀리는 운동을 두고

199

옛날 양반은 하인에게나 시킬 일이라고 했다지만, 스포츠는 19세기 후반 고급 학원 스포츠로 도입된 이후 대중의 오락·연예 상품으로 확산되기 시작했다. 직접 뛰는 운동뿐 아니라 운동경기 관람, 신문과 라디오를 통한 스포츠 중계도 식민지 시기에 이미 인기를 끌었다.

여행과 운동이 근대의 여가 오락으로 부상했으므로 여행가와 운동가(광고 6)의 존재는 '신사와 숙녀'로 그려지거나 좀 더 대중화된 '도시인'으로 이미지화된다. 문화적인 사람, 도시화된 사람이라는 기표를 구성하는 것은 구체적으로 문화상품이며, 여행과 운동에 관련된 상품이다. 광고 6은 현대인을 구성하는 것이 구두(양화)라고 말하면서 상표화된 형태인 '세창화(세창양행의 신발)'라고 공언한다. 서울 종로에 있었던 신발 가게인 세창양행은 구두 광고를 의욕적으로 펼쳤는데, 제품 소개에서 나아가 상표인 세창화를 각인하고자 하는 브랜드 포지셔닝 전략을 펼치고 있어 인상적이다. 개별 상품이 아닌 상표를 중점적으로 홍보하는 것은 소비자를 확보하기 위한 더욱 안정적인 전략에 속한다.

다양한 문화상품이 출시되면서 상품 간의 분화 현상도 일어난다. 대중적인 오락과 취미가 있었는가 하면, 좀 더 고상하고 교양 있는 취미로 분류되는 것도 있었다. 영화는 "제8예술의 최첨단"(광고 7)으로 문학을 '정복한' 신예술로 부상했지만, 흔히 대중의 값싼 오락으로 여겨졌다. 오락 영화로는 1920~1930년대부터 세계 영화 시장을 주름잡았던 할리우드 영화가 대표적이었다. 미국식 생활양식의 영상 박람회와도 같았던 할리우드 영화는 당대부터 대중의 인기를 모았다. 서울을 비롯한 대도시를 중심으로 '극장 구경'은 도시인의 오락으로 주

광고 7. 광고 도안처럼 영화는 종합 오락공연 식으로 진행됐다.
사운드 토키(유성영화) 〈순회극단〉과 〈도라몬드 대위〉를 홍보하는 단성사
《조선일보》 1930년 1월 27일 자

목받았다.

당시 영화관 풍경은 오늘날과는 차이가 있다. 광고 7은 1930년에 나온 단성사의 영화 광고로 당대의 영화 관람 풍속을 보여준다. 광고에는 떠들썩한 악단의 공연과 연주가 도안으로 그려져 있다. 당대 영화는 기술의 한계 때문에 짧은 길이로 제작, 상영됐으므로 영화관에서는 악극이나 악단의 공연, 기생 공연을 곁들여 일종의 종합 오락 공연을 제공하는 것이 일반적이었다. 또한 1930년대 초반까지만 해도 영화를 해설하는 변사의 인기가 높았는데, 무성영화를 맛깔나게 해설했던 변사의 존재는 유성영화가 나온 이후에도 한동안 지속됐다. 변사의 해설을 통한 영화 중계, 악극단의 연주와 공연이 펼쳐지는 영화관은 담배 연기와 고함 소리, 남녀의 희롱을 비롯해 불온한 정치와 모의가 섞여드는 공간이기도 했다.

극장 구경보다 우아한 취향으로는 일정한 시간과 교육이 요구되는 문학, 음악, 미술 등의 문화상품 류가 있었다. 물론 이 가운데는 '세계문학'이나 '건전가요'도 있었는가 하면, 급 낮은 대중문학이나 베스트셀러, 유행가도 있었다. 문학계에서 평단의 인정과 대중의 인기를 동시에 얻은 작가로는 《무정》(1917)으로 근대 문학사의 첫머리에 기록된 이광수가 거의 유일하다시피 할 정도였으니 이른바 '대중문학'과 '순수문학'의 경계는 골이 깊었다. 조선 문학에 대한 천시 풍조나 세계문학과 문학 시장의 형성에 대해서는 박숙자의 《속물 교양의 탄생》을 비롯하여 여러 연구가 나와 있으니 참고하시라.[8]

문학 상품이 우리의 교양을 구성해온 한 중심이라면, 유행가에는 우리 인생사의 굴곡과 문화정치사의 변화가 보다 생생하게 교차되어 있어 실감이 있다.[9] 고향과 실향, 서울의 빛과 어둠, 모던 보이와 모던 걸을 노래한 대중가요에는 당대의 사회상이 반영되어 있다. 당대 유행 가 중에는 〈홍도야 우지 마라〉, 〈목포의 눈물〉처럼 오늘날까지 불리는 곡도 더러 있다. 광복 전까지 레코드 음반에는 총 1만여 곡이 녹음됐 다고 하니 대중가요에 대한 폄하와는 별도로 사람들의 호응을 얻었음 을 알 수 있다. 유행가는 고급 음악이나 정치적으로 동원된 건전가요 와 대비되면서 대중의 오락 상품이 됐다.

음악이나 문학을 비롯해서 다양한 근대적 여가 활동을 포괄하는 용어로는 취미, 취향이라는 말이 많이 쓰였다. 취미 혹은 취향이라는 말이 자주 등장하게 된 것은 1920년대 들어서부터다. 어지간한 데는 죄다 취미, 취향이라는 말을 붙일 정도로 취미와 취향은 당대의 유행 어였다. 근대인이라면 취미를 추구한다며 '근대인의 취미 있는 생활'이 라는 말이 계몽 슬로건처럼 돌았다. 취미, 취향이라는 말은 원래 예술 이나 문학에 대한 미적 가치관을 가리켰으나, 도시의 중상층을 중심으 로 개인을 대변하는 표식으로 바뀌면서 취미 있는 생활은 문화인의 표 식으로 여겨졌다.

취미, 취향이라는 말이 유행한 시점을 백화점이라는 소비 메카의 등장과 관련지은 진노 유키《취미의 탄생》)의 시각은 특기할 만하다. 중 상층의 기호를 판매하는 소비 공간인 백화점이 등장하면서 취미와 취 향을 설득하는 문화상품이 활기를 띠게 됐으며[10] 취미와 취향이라는 신조어도 뿌리를 내렸다는 것이다. 고급품을 소비했던 취향 생산자

(taste makers)는 중상층의 취향을 만들어냈고, 소비력이 부족한 대다수의 사람은 보급품이나 모조품의 형태로 취향을 구가했다. 취향은 "일종의 사회적 방향 감각(자기 자신의 자리에 대한 감각)으로 기능"하며 재산에 걸맞은 지위나 행동, 상품 쪽으로 인도한다는 부르디외의 말"은 진노 유키의 지적과 함께 묶어 생각해볼 만하다. 취향이 육체화되고 계급화되는 중심에는 상품이 번쩍거리고 있다.

"급증하는 성(섹슈얼리티) 담론은 한 가지 기본적 관심,
곧 '성을 경제적으로 유용하고 정치적으로
보수적이게끔 정비하는 것'에 맞추어져 있다."
– 미셸 푸코,《성의 역사》1, 57쪽

# 인조인간 프로젝트 2: 성을 즐기는 남성들

광고가 이상적으로 그리는 근대인의 모습 중에는 성을 공공연히 이야
기하는 사람, 좀 더 구체적으로는 성을 쾌락적으로 향유하는 사람이
있다. 근대에 들어 성에 대한 관심이 표면화되면서 성에 관련된 볼거
리, 읽을거리, 먹을거리 등이 속속 출시됐고 광고전도 뜨거웠다. 당대
신문이나 잡지를 뒤적이면 오늘날 '야동'이나 포르노에 해당하는 인쇄
물 형태의 '빨간책' 광고나 성병약 광고를 흔하게 볼 수 있다. 오늘날과
달리 문맹률이 높았던 빈곤한 사회에서 미디어의 향유 계층이 소수의
엘리트 중심이었다는 사실을 고려하면, 신문이나 잡지 하단에 즐비했
던 원색적인 포르노그래피 책 광고나 성병약 광고는 이색적이다.

재미있는 연구 사례가 있다. 천정환은《근대의 책 읽기》에서 1920
년대《동아일보》에 실렸던 서적 광고를 살폈더니 교재 수험서와 실용
서 분야가 가장 많았고, 그다음으로 성 관련 서적, 사회주의 서적, 소설

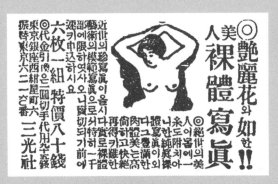

광고 1. 사진 여섯 장 한 묶음에 80전 특별 가격이 매겨져 있다.
미인 나체 사진 광고
《동아일보》 1926년 8월 15일 자

광고 2. 나체 미인
사진집 광고
《조선일보》
1925년 8월 5일 자

광고 3. 사회면 하단에 실린 성병약 리베루 광고
《동아일보》 1938년 3월 26일 자

(신소설) 순이었다고 했다. 개별 서적을 보더라도 광고량이 가장 많은 책 가운데는 성 관련 서적이 압도적으로 많았다. '남녀 세밀화', '교제 비결', '결혼 첫날밤', '여자의 모든 것', '미인 나체 사진' 따위의 제목을 단 빨간책들이었다.[12]

한글 민간 신문은 일제의 검열로 기사가 삭제되거나 기사량이 모자라 광고로 지면을 채워 넣는 경우가 흔했지만, 그렇다고 해도 특정 분야의 책 광고가 많았다는 사실이 해명되지는 않는다. 전통 사회와 달리 책은 특정 계층에게 허용된 지식과 문화, 통치의 도구가 아니라, 상품으로 유통되기 시작하면서 돈만 주면 누구나 구매할 수 있는 실용품이 됐다. 근대 서적 광고의 판도는 책에 대한 아우라가 사라졌다는 사실을 단적으로 드러낸다.

빨간책이 유행했던 현상은 책의 권위가 무너지고 오락 상품의 하나로 소비됐던 정황을 잘 드러내준다. 광고 1과 2 모두 여성의 나체 사진집 광고로, 제작사가 도쿄에 소재지를 둔 일본 회사로 기재되어 있으니 일본의 빨간책 광고를 한글로 번역해 게재한 것으로 보인다. 빨간책은 실제로 일본에서 온 것이 많았고, 그래서 광고 역시 일본의 광고를 번역해서 싣거나 아니면 일본에서 나온 광고를 그대로 게재하는 일도 드물지 않았다. 광고 문안이 일본어로 되어 있더라도 원색적 도안만으로 충분히 짐작 가능했기 때문에 일본 광고를 그대로 실었어도 전달에 문제가 없었다.

포르노그래피 인쇄물은 사진이나 춘화와 같은 시각 인쇄물을 비롯해 피임이나 임신, 해부학과 같은 의학과 성교육을 빙자한 서적, 음담패설 같은 이야기가 주를 이뤘다.[13] 학자가 성에 대해 쓴 교양서나 연구서도 있었지만, "퍽이나 남의 호기심을 끌게 하고 흥분시키는 일을 써서 아무렇게나 만든 책"[14]이 넘쳐났다. 한마디로 남성 소비자를 호출하는 삼류 포르노그래피 상품이 많았다. 오늘날에도 야동과 포르노는 남성 이성애자를 겨냥해 제작된 경우가 주를 이룬다. 지금으로부터 90여 년 전에 나온 나체 사진집은 오늘날의 야동이나 포르노 동영상에 해당하는 것으로, 광고 1, 2에는 소비자를 유혹하는 온갖 언사가 빼곡하다. 소비자는 성별화되어 있어 상품 소비자로 호출된 쪽은 남성이고, 미려하게 대상화된 쪽은 여성이다.

빨간책 광고와 함께 성병약 광고도 신문과 잡지에 많이 실렸다. 전체 상품 광고 중에서 가장 많은 것은 의약품이었는데, 그중에서도 가장 많은 것이 성병약 광고라고 할 정도였으니 신문과 잡지의 지면을 얼마나 점령했을지 짐작할 수 있다. 광고 3은 신문의 사회면 하단에 실린 임질약 광고이고, 광고 4는 신문 전면에 실린 매독약 광고다. "매독 전멸"을 내세운 광고 4는 복용자의 감사 편지를 하단에 붙였다. 광고의 도입부에는 "육백육호를 여러 대 써도 안 되는 분은 꼭 한번 시험하시오"라는 말이 쓰여 있다. 606호는 매독의 획기적 치료제인 살바르산(Salvarsan)이 상품화된 형태로, 당시부터 신약, 명약으로 이름을 날렸다.

성병은 인류의 오랜 역사와 함께해왔지만 성병약의 범람은 근대적 현상으로 따로 짚어보아야 한다. 성병약이 범람한 현상은 우선 성에 대해 달라진 인식 변화를 반영한다. 전통적으로 성은 점잖은 사람이라면 입에 담지 못할 것으로 치부됐고, 급 낮은 언문 문학에서나 다뤄지던 상스러운 소재였다. 하지만 근대에 들어와 성은 공공연히 이야기되기 시작한다. 배울 만큼 배운 의학 박사도 '성생활이 우리 인간 생활의 가장 중대한 그리고 근본적인 부분을 이루고 있으며, 성욕도 식욕, 생존 욕구와 꼭 같은 일종의 본능이자 자연스러운 욕망'[15]이라고 대놓고 말할 만큼 성 담론은 공론화되기 시작한다.

국가 차원에서도 성은 중요하게 여겨졌는데, 인구가 근대 국가 발달의 대표적인 지표이자 동인으로 간주되기 시작하면서부터다. 강대국은 인구가 번성한 나라로 여겨졌으며 인구 조절이 통치의 핵심이 됐다. 인구의 정치경제학에서 생식의 수단인 성은 중심부에 있었으며, 개인의 육체를 관리하는 것뿐 아니라 전체 인구를 조절하는 권력으로서의 생체정치의 중심에 있었다. 푸코는《성(섹슈얼리티)의 역사》에서 성이 인구 조절의 중심에 있는 동시에 유희의 대상으로 활발히 상품화되기 시작하는 현상에 대해 주목한 바 있다.

푸코에 따르면 '성은 경제적으로 유용하면서 정치적으로 보수적이게끔' 정비된다. 어디까지나 성은 정치권력을 유지하는 데 유용하도록 규율되는 한편, 경제적으로 유용한 여러 상품의 형태로 유통된다. 의학과 정신의학, 성매매, 포르노그래피와 관련된 성 상품이 단적인 사례다. 성적 쾌락의 확대 그리고 성을 통제하는 권력의 확대는 서로 모순적이지 않은데, 쾌락이 분석적으로 확대되면서 쾌락을 통제하는 권력이 증대하는 현상으로 이어지기 때문이다. 즉, 성을 통제하면서 권력이 확대되는 것이 아니라, 쾌락이 확산되면서 권력이 개입하고 영향력

광고 4. 매독약 푸로다

《조선일보》 1937년 7월 28일 자, 전면 광고

을 행사할 면적도 넓어지는 것이다.[16]

성 의학의 부상은 인구의 정치경제학을 배경으로 하지만, 소비 일상에 유통되었던 성병약 담론은 지극히 명료하다. 성병약의 광고 담론은 '치료해줄 테니 마음껏 즐겨라'로 간단히 요약할 수 있다. 소비 담론에서는 질병의 공포나 위생의 자각보다는 쾌락이 부각된다. 성병의 오랜 역사에서 임질이나 매독은 불치병이나 난치병으로 여겨져 왔지만, 의학의 발달로 치료의 길이 열리기 시작했다. 성병약은 1930년대 전후로 앞다투어 출시됐는데, 의약품 개발의 초기 단계였던 만큼 약값도 상당히 고가였고 엉터리 약도, 과장광고도 많았다. 광고 수용자를 매료했던 것은 질병의 공포보다는 성적 유희와 쾌락 쪽이었을 것이다.

성병은 흔히 '문명병', '문화병'이라고 일컬어지면서 생산의 수단이 아니라 유희의 수단으로 성에 접근하는 것이 문화인의 징표처럼 여겨지기도 했다. 성을 즐기는 근대인이라는 표상에서 근대인의 성은 남성이다. '요즘 남편 중에 임질 걸리지 않은 사람이 있느냐'는[17] 우스갯소리가 나올 정도였으니 성병은 꽤나 유행했던 것 같다. 물리적으로 보았을 때 인구가 집중되고 교통이 발달하여 교류가 활발해지는 가운데 성병은 확산일로에 있었다.

오늘날에는 남성의 성 상품화도 확산되고 있지만, 한 세기 전 성 상품 시장은 '(여)성 상품 대 남성 소비자'로 양분되어 있었다. 돈만 있으면 누구나 여성을 살 수 있는 상황은 종래의 신분사회에서는 불가능했다. 하지만 광범위한 여성 상품화 속에서 매매의 대상이 더 이상 여성 천민에 한정되지도 않았으며, 남성 양반이 여성을 독점하는 것도 지나간 옛일이 됐다. 여성 성매매가 광범위하게 확산되는 현상을 두고 미국의 사회학자 캐슬린 베리는《섹슈얼리티의 매춘화》에서 "섹슈얼리티의 매춘화", 나아가 "섹슈얼리티의 산업화"로 표현했다. 베리는 여성이 상품화되고 여성 매매가 산업화되는 역사적 과정을 설명했는데, 실제로 오늘날 가장 규모가 큰 산업을 꼽자면 마약산업, 무기산업과 함께 성산업을 빼놓을 수 없다. 한반도에 100여 년 전부터 쏟아져 나왔던 포르노그래피 상품과 성병약 역시 여성의 성 상품화 역사를 예고한다.

성병은 남녀에 따라 달리 명명됐다. 남성의 성병을 임질, 매독이라고 명명한 것과 달리 여성의 병은 '부인병'으로 분류됐는데, 결혼한 여성을 가리키는 부인(婦人)을 써서 여성의 성병을 따로 부인병이라고 칭한 것이다. 부인병이라는 명칭은 여성 존재가 결혼과 출산의 테두리 안에서 정의되어온 역사를 반영한다. 부인병이라는 명칭에서 드러나듯이 당시 여성의 성병은 결혼한 부인에게만 허용됐다. 그러니까 여성의 성병은 남편에게서 옮을 가능성으로 한정됐으며, 성병 치료에는 건강한 자녀 출산이라는 목표가 부여됐다. 여성의 성 경험은 공식적으로 남편과의 잠자리로 한정됐으며, 성교와 상관없이 성병이 발생할 수 있다는 의학적 사실도 무시됐다. 성병 치료의 방향은 몸의 건강과 원활한 성생활에 맞춰져 있지 않고 임신과 출산이라는 기능적 목표에 맞춰져 있었다.

생식을 넘어 유희와 쾌락으로 성을 향유하는 인류 종족의 특성은 남성에게만 부여된 셈이었다. **성 담론이 확산되고 쾌락을 즐기는 현대**

**인이 생겨났지만, 현대인의 성(젠더)은 남성이었으며 여성의 섹슈얼리티는 생산 기능의 차원에 머물러 있었다.** 여성을 쾌락의 주체로 호출한 성 관련 상품은 드물었고, 남성이 성적으로 대상화된 경우는 더욱 드물었다. 따라서 성병약 광고는 광고주와 광고 제작자 그리고 소비자인 남성의 목소리를 반영하여 '남성이여, 마음껏 즐기라'며 이야기하는 셈이었다. 어디까지나 쾌락의 주체가 남성이고 여성이 쾌락의 대상으로 전제된 만큼 광고에는 함부로 대상화된, 남성을 향해 유혹적으로 그려진 여성이 곧잘 등장한다.

성병약 광고에서 여성은 대개 두 가지 방식으로 제시된다. 모성으로 그려지거나 그렇지 않으면 '창녀'로 그려지거나. 여성을 어머니와 창녀의 두 부류로 그리는 것은 여성을 성적으로 대상화하는 대표적인 방식이다. 여성이 자녀 출산의 매개체로 그려지든, 성애화되든 전인격적 존재가 성적 기능으로 치환되며 소외된다는 점에서는 동일하다. 부인병 약 광고는 여성 소비 주체를 호출했지만, 역시 임신과 출산이라는 목표를 전제로 한 것이다.

성병 약 광고에는 주로 여성이 등장하고 함부로 유혹적으로 그려지는 경우가 많았다. 여성 이미지는 남성을 유혹하는 '요부'이거나, 아니면 병균의 발원지로서 남성을 파괴하는 여성으로 제시되는 일이 허다했다. 특히 창녀 이미지는 성병의 병인(病因)을 여성에게 돌리는 경향으로 연결되는데, 성병을 두고 '화류병', '창병(매독)'이라고 일컬었던 것도 이런 경향을 반영한다. 남성 소비 주체를 호출하는 광고에서 여성을 주로 등장시킨다는 것 자체가 특징적인데, 성병약 광고의 여성

이미지는 대상을 소외하는 매혹과 공포의 전형적인 재현 방식을 보여
준다.[18]

남성적 쾌락을 설파하던 성병약 광고의 흐름은 1930년대 중반 이
후 전시기에 접어들면서 달라진다. 전시기에 나온 성병약 광고는 유용
한 노동력이자 생산력, 전투력으로서 인구를 조절했던 통치 상황을 반
영한다. 전시기에는 성적 쾌락과 욕망의 강조보다는 생산력 증강에 초
점을 맞춘 광고가 많이 나왔으며, 성병은 문명병, 문화병이라기보다 국
력을 훼손하는 질병이라는 점이 강조됐다. 민족의 적이라고 명명되기
도 했던 매독은 망국병으로 부각됐으며, 부인병을 둘러싼 국가주의 이
데올로기가 강해져서 "건강한 제2세를 만드는 모태 만들기", "국가의
성가신 짐이 되지 않는 건강한 소아"[19] 길러내기가 부각됐다.

남성을 겨냥한 성병약 광고에서는 "국민 체위의 향상과 남자 생식
기의 관계"가 언급되기도 한다(광고 5). 전시기 성병약 광고에 담긴 장
대한 국가주의적 이상은 한편으로는 우습고 한편으로는 징그럽다. 국
가주의를 표방하는 성병 약 광고는 헛웃음을 자아내지만, 국가주의의
남성성을 남자 생식기로 상징한 것은 못내 징그럽다. "조국을 수호하
는 것은 청년의 힘이다"라든가, "여성의 건강은 국가의 힘"이라는 문안
(광고 6)에서 성은 국가주의적 차원에서 호출되어 있다.

식민지 조선인은 모두 이등 국민의 신분이기는 했지만, 그중에서
도 성인 남성은 최전선의 노동력과 전투력을 담당할 국민으로 호명됐
다. 여성은 전쟁을 지원하는 후방 국민으로, 아이는 미래를 짊어질 소
(小)국민으로 호명됐다. 남성은 잠깐이나마 쾌락의 소비 주체로 호명

광고 5. "국민 체위의 향상과 남자 생식기의 관계"
성병 치료기 호리츠크
《동아일보》 1938년 3월 26일 자

광고 6. "여성의 건강은 국가의 힘(力), 체위 향상
낳으라 불리라……고 소리 높이 외치는 때입니다."
여성 강장제 중장탕
《조선일보》 1939년 10월 15일 자

기사 1. 어린이날 기념행사
《조선일보》 1937년 5월 9일 자, 호외 1면

少年朝鮮日報

朝鮮日報附錄

方 定 煥

李 箕 永

月刊

社式株報日鮮朝

## 우리들의 명절
## 어린이날

됐던 호시절을 지나 전시기에 국민 체위를 핵심적으로 구성하는 노동력과 전투력이 될 것을 요구받은 셈이다. 하지만 사실상 성적 주체로 요구받은 적이 없었던 여성은 크게 변함이 없었다. "우메요 후야세요 고쿠노 다메니(産めよ殖せよ國の爲 낳으라, 불리라, 국가를 위해서)"라는 일본 노래가 조선에서도 불렸지만, 조선 사회는 전통적으로 다산의 전통이 뿌리 깊었다. 남아선호사상이 강하고 피임이 어려웠기 때문이다.

따라서 전쟁을 위해 출산하라는 제국주의 전쟁 상황에서나, 종래 남아선호사상이 강력했던 전통사회에서나 여성의 기능은 크게 달라지지 않는다. 안태윤은《식민정치와 모성》에서 전시기에 강조된 "다산이 새로운 이데올로기가 아니었"다고[20] 지적한다. 여성에게 요구된 생산과 양육의 역할은 변함이 없었다는 뜻인데, 식민지가 본국 일본과 달랐던 점이라면 여성이 2세 생산의 역할만큼이나 노동력으로서의 역할을 요구받았다는 점이다. 일본과 비교했을 때 조선 여성에게는 인구증식을 담당하는 어머니의 역할 이상으로 생산 노동력으로서의 역할이 강조됐다.[21]

아이의 상황도 크게 달라지지 않는다. 미숙한 어른으로 괄시받고 천대받았던 '애'는 국권 상실기에 민족의 미래로 여겨지면서 '어린이'라는 새로운 명칭을 얻고 미래 세대의 주체로 주목받은 바 있다. 민족주의 차원에서 존재를 인정받기 시작했던 아이는 식민지에 닥친 제국주의 전쟁 상황에서 미래의 전투력으로 훈련되고 노동력으로 착취됐다. 갖가지 시국 행사에 동원되고 강제 노역에 시달렸던 고사리 손의 기억은 드물지 않다. 유종호의 에세이《나의 해방 전후》(2004)에는 일제강점기 말 어린 시절의 저자가 감내해야 했던 노역의 경험이 기록되어 있다.[22] 〈기사 1〉은 전시기에도 성대하게 열렸던 어린이날 기념 행사 풍경을 전하지만, 아이의 존재가 그 자체로 존중을 받았던 것은 아니다.

제국주의적 시각에서 아이는 미래의 노동력이자 군사력으로 호출되어 그 가치를 인정받았다. 민족의 미래로 호명된 어린이든, 제국의 노동력이자 전투력으로 호명된 어린이든 인간 존엄성은 인정받지 못한 셈이다. 좀 더 직접적으로 제국의 노동력이자 전투력, 생산력으로 동원된 성인들 역시 주체성을 인정받지 못했던 것은 마찬가지다. 따라서 근대에 들어와 인간이 개별 주체로 해방됐다는 교과서의 공식은 점검해볼 필요가 있다.

근대를 곧 개인 주체의 탄생으로 연결 짓는 상상적 도식은 특히 식민지를 경험한 세계 대부분의 사회사에서 보았을 때 재고되어야 한다. 근대 세계가 제국과 식민지로 나뉘는 상황에서 한반도는 대부분의 나라처럼 식민지를 경험했으며 식민지 이후의 군사독재를 거쳤다. 냉전과 탈냉전의 세계사적 상황이 전개되는 동안 한반도는 한국전쟁과 남북 분단, 군사독재의 현대사를 거쳤다. 근현대사 내내 남과 북의 사람들에게는 군사주의와 국가주의, 개발주의에 포박된 경험이 몸과 정신 속에 각인됐다. 남과 북의 사람들은 자유로운 개인이기 이전에 반공하는 국민이거나 반미·반제국주의자로서의 국민 정체성을 요구받았다. 한반도 사람들의 몸과 감각을 지배해왔던 분단 체제는 지난 70여 년간 지속되어왔다. 분단 체제와 관련해 최근에 전개된 역사적 변화로는 분단 후 세 번째로 열린 남북정상회담(2018년 4월 27일)과 그 이후에 진행 중인 한반도의 냉전 종식 및 평화 체제 구축을 위한 여정을 기록해두어야겠다.

"Every advertisement is an advertisement for success
(모든 광고는 성공을 위한 광고다)"
- Roland Marchand, *Advertising the American Dream*, p.285


# 인조인간 프로젝트 3:
# 성공이 권리이자 의무인 사람들

신분사회가 무너지면서 누구나 '양반'이 될 수 있는 시대가 도래했다. 전통사회에서는 혈연과 신분, 성에 따라 존재가 규정되어 사실상 주체가 존재하지 않았지만, 시대는 달라지기 시작한다. 혈족과 신분의 구속에서 사람들은 이탈하기 시작했고, 스스로를 새롭게 규정할 필요가 생겼다. 운명의 길을 따랐던 신분사회를 지나 근대에 접어들면서 사람들은 자신의 능력에 따라 진로를 개척해야 했다. '개인'이나 '주체', '성공'과 '실패'라는 오늘날 너무도 익숙한 용어들은 근대에 들어와 형성된 신조어였다.

　개인의 능력에 따라 미래를 개척할 수 있는 성공 시대란 누구나 성공할 수 있는 가능성이 열린 시대이며, 동시에 누구나 성공하지 않으면 안 되는, 성공에 대한 의무를 부여받은 시대이기도 하다. 성공하지 않으면 패배하는 것이며, 성공하지 않으면 낙오자가 된다. 가만히 있으면 뒤처지고 패배한다. 성공하지 않을 권리는 없다. 누구나 성공할 수 있는 권리란 곧 누구나 성공해야 하는 의무를 가리킨다. 성공은 개인 존재가 요청되고 신분 질서가 흔들리면서 대두된 근대적 명제이자 절대 명령이었다.

성공 시대의 중심에는 돈이 있다. 화폐는 봉건 관계를 청산하고 합리적인 인간관계를 맺는 데 핵심 기제로 작동한다.《돈의 철학》(1900)을 쓴 독일의 사회학자 게오르크 지멜의 말을 빌리면, 돈은 인간 사이의 비인격적 관계의 담지자이며 개인적 자유의 담지자다.[23] 전통사회에서 사람들은 소수의 의존적 관계를 맺으며 인격적으로 구속되었지만, 화폐경제가 진행되면서부터는 불특정 다수와 광범위한 관계를 맺는다. 불특정 다수가 관계를 맺는 데는 화폐가 개입되어 임의적이고 교체 가능한 관계를 구축한다.

돈은 합리적 가능성의 시대를 열었다. "돈…… 돈이 있으면 무어든지 할 수 있다"(채만식, 〈레디메이드 인생〉, 1934)라는 말은 사람들이 체감할 수 있는 원리였다. 종래의 신분 질서를 대체해 새로운 위계질서를 구축한 것은 돈이었다. 돈을 가진 사람과 가지지 못한 사람 사이에 공고한 위계가 자리 잡기 시작한다. 화폐는 기존의 신분 질서를 대체해 새로운 위계를 형성해 갔는데, 돈을 벌어 새로운 양반이 될 수 있는 가능성은 형식적으로 누구에게나 열려 있었다. 누구나 자신의 능력을 계발해 입신출세할 수 있는 민주주의와 개인주의를 누릴 수 있었다.

성공을 위해 요구되는 지식의 내용은 이전과 달라졌다. 옛 공동체에서 느리게 흘러가던 시간이 속도를 더하면서, 변화가 더딘 구성원의

광고 1. "인생의 승리는 머리의 문제"
두통약 겐노간(건뇌환)
《조선일보》 1938년 9월 15일 자

문안을 내세웠다. 이 상품은 두통약으로, 새로운 경쟁 시대에 승리하려 면 두뇌 개발이 중요하다고 말한다. 외양이나 신체와 마찬가지로 두뇌 역시 개발과 개조의 대상이며 경쟁 에너지로 개발하라고 설득한다. 이 약의 이름은 일본의 명약으로 꼽히는 겐노간(건뇌환)으로, 1890년대 말 출시된 이래 두뇌 개발과 개인의 성공, 나라의 부강을 연결 짓는 전략 으로 활발하게 광고했다.

능력 계발과 관련해 주목받은 상품 중에는 서적을 빼놓을 수 없다. 책은 지식을 판매하는 신상품으로 시장에서 거래되기 시작한다. 전근 대사회에서 책은 남성 양반에게 독점되다시피 했고 문자는 각각 한자 와 한글로 분리되어 남성 양반과 상민, 여성에게 따로 허용됐다. 언문

'따위'의 읽을거리가 아닌 전통의 고전적인 책은 지식과 사유 그 자체를 가리켰다. 독서는 특정 남성 계급인 선비의 권리이자 책무이며 삶의 내적 충실을 기하는 수행 행위이자 입신양명을 도모하는 계급 실천의 성격을 띠었고, 그 과정은 곧 가문과 나라의 영화를 꾀하는 길과 동일시됐다.

그러나 근대에 들어와 서적 시장에 출현한 실용서는 기존의 책이 가지고 있던 위엄을 무너뜨렸다. 지식이란 무언가를 위한 기능적 가치로 통용됐다. 언문 이야기책이 대중 독서 시장의 오락거리로서 한 축을 이루었다면, 다른 한 축은 학습서, 실용서, 교양서로 직업 능력과 교양에 필요한 읽을거리였다. 광고 빈도를 통해 수요와 인기를 가늠해볼 때 근대 서적 시장에서 실용서의 비중은 압도적이었다. 일례로 1920년대 서적 광고 중에서 가장 많았던 것은 문학이나 사상 서적이 아니고 교재와 수험서, 학습서와 같은 실용서였다.[24]

근대의 실용서에는 어학 사전, 영어 학습서, 국어(일본어) 학습서, 중학교 강의록을 비롯해 자격증 교재(무전기사, 전기용접사, 전기공사기술자, 기계공, 삽화가, 제도공, 약종상 등), 교사나 공무원을 위한 수험서나 자동차운전면허 수험서 등이 있었다. 전시기에 들어오면 입영 강의록(입영 입단 준비 강의록)도 출판됐다. 식민지의 다중 언어 상황에서 어학은 중요했는데, 외국어로는 단연 영어가 인기 있었다. 영어를 익히고 중학교 수준의 학력을 갖춘다면 출세를 도모할 수 있었다. 일본어는 식민지의 공식 언어이자 국어로 통용됐으므로 국어독학교본과 같은 일본어 학습서가 잘 팔렸다. 어학 교재나 각종 자격증 교재, 수험서가 인기

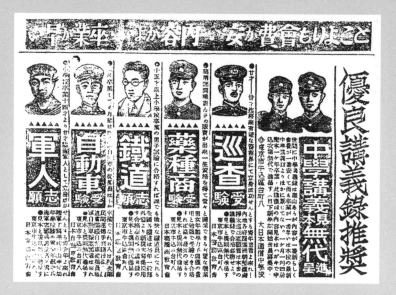

광고 2. "우량 강의록 추장(推獎)"이라는 표제 아래 중학 강의록을 비롯해
각종 수험서(순사, 약종상, 철도원, 자동차 운전수, 군인 지원을 위한 책)를 광고했다.
《조광》 1938년 3월, 197쪽

광고 3. 와세다대학교 독학 교재 광고. 중등 과정에 해당하는 독학 강의록 중에서
특히 인기를 끌었던 와세다 중학 강의록도 소개되어 있다.
《조선일보》 1933년 4월 28일 자

를 끌었던 현상은 근대화의 물결 속에서 기능화, 기술화되는 사회 직군의 분화 양상을 반영한다.

광고 2와 3은 신문과 잡지에 흔히 실렸던 실용서 광고의 일례를 보여준다. 오늘날 검정고시 교재에 비견할 만한 독학 강의록을 비롯해 경찰이나 군인, 자동차 운전수, 교사나 공무원 합격을 위한 각종 수험서와 자격증 교재가 홍보되고 있다. "어느 곳보다 회비가 싸고 내용이 좋고 졸업이 빠르다(とこよりも會費が安い内容がよい卒業が早い)"라는 광고 2의 표제는 근대의 기능적 가치를 잘 드러낸다. 가격이나 기능성, 속도 면에서 경쟁력을 내세워 홍보한 것인데, 광고에 제시된 가격 경쟁력과 기능성을 비롯해 속도라는 현대의 제왕은 근대의 이상화된 가치를 대변한다.

각종 교재나 수험서 광고가 선전하는 직업군, 즉 경찰, 약사와 약사 보조원, 철도원, 버스나 택시 운전수, 군인, 무전기사, 교사, 공무원 등은 식민지의 근대적 제도 속에서 개인이 도모할 수 있는 전망 있는 선택지였다. 많은 직업인과 기능인의 존재는 근대적 사회체제를 운용하는 데 필요한 부속 요소였으며, 또한 격변하는 시대 상황에서 생존과 생활을 고민했던 사람들의 선택지의 사례를 보여준다. 취업이나 처세, 진학을 위한 각종 교본은 1920년대부터 많이 팔리기 시작했는데, 이 현상은 "일제에 의해 이식된 근대적 제도가 일부 식민지 민중들을 실질적으로 포섭하고 있었음을 보여주는 증거"[25]로 볼 수 있다. 일제강점기를 민족주의적 관점에서만 본다면 식민지의 형태로 근대화의 물결을 맞으며 살아온 우리 조상의 생활상을 놓치기 쉽다. 일제의 식민지배를 둘러싼 억압과 저항은 일제강점기의 한 가지 국면에 해당한다.

이매뉴얼 월러스틴은《역사적 자본주의/자본주의 문명》에서 능력주의와 과학적 문화를 자본주의의 핵심 이데올로기로 지적한다. 자본주의 사회에서 능력주의와 과학적 합리성은 연결된다. 기술이 발달하고 사회체제가 복잡해지면서 행정가나 기술자, 과학자, 교육자와 같은 합리화, 기능화의 전문가로서의 중간 계층은 확대된다. 하지만 과학적 문화가 가져온 진보는 능력주의를 추동하면서도 어디까지나 계급적 질서를 유지하는 데 기여한다.[26] 개개인이 자유롭게 능력주의를 추구하는 과정은 조정될 필요가 있으며, 그 조정의 방향은 계급적 위계에 복무하는 쪽에 가깝다. 근대 자본주의가 연 개인주의와 능력주의의 시대는 계급과 젠더의 위계, 인종과 민족의 차별을 바탕으로 작동했으며, 이는 식민지였던 조선에서도 마찬가지였다.

자본주의 예술로서의 광고는 자본주의 사회의 위계와 새로운 억압에 대해 이야기하기보다는 미래의 비전을 이야기했으며, 좌절과 억압을 무마하고 달래는 소양을 제공했다. 광고는 능력주의가 여는 미래의 가능성을 적극적으로 설득하는 쪽에 서 있었으며, 사회적인 좌절은 사소한 소비의 즐거움을 통해 해소될 수 있다고 속삭였다. 새로운 억압을 상품화하는 쪽보다는 희망과 위로를 상품화하는 쪽이 시장에서 훨씬 전망이 좋았기 때문이다.

인용한 책 광고에서도 "성공"(광고 4)이나 "세상의 진보"(광고 5)가 전제되어 있다. 사회의 진보가 전제되고 성공 신화가 열려 있다면, 이제 남은 것은 어떻게 성공할 것이냐 하는 방법뿐이다. 광고는 성공하

잡지《조광》에 게재된 전면 광고. 상단은 부기 책, 하단은 일종의 생활법률 책을 광고했다.

광고 4. 부기 책
《すぐ活用出來る正しい簿記の覺方(바로 활용할 수 있는 정확한 부기법)》광고
표제: "치부책(致富册)은 옛날 일, 바른 부기는 이렇게 기입한다."
본문의 중간부: "옛날은 치부책이면 제일이었으나 점차 상업 경영이 복잡화되어 온 금일 치부책으로는 될 수가 없다. 그럼으로 경영의 합리화를 도모하고 신지식을 가진 상점에서는 모두 부기(簿記)에 의하야 장부를 정리하고 착착 성공에 나가는 것이다. 더구나 부기의 기입법은 그렇게 어려운 것은 아니다. 설혹 소학교 졸업만의 학력이라도 독학으로 완전히 부기의 기입법을 알 수가 있다."

광고 5. 생활법률 사전
《원계(願届)서식대전》광고
표제: "아무리 어려운 서식(願届書式)이라도 척척 써진다."
본문 도입부: "세상의 진보됨을 따라 사회 제도가 점점(益益) 복잡해진다. 무엇이거나 써놓은 것이라야 유효한 시대가 됐다."
본문 중간부: "본서 한 권(一冊)만 있으면 대서인(代書人)의 필요 없이 슬슬 어려운 서식도 쓸 수 있으므로 사업의 능률을 증진하는 상으로 보더라도 자못 편리하다고 신청자가 쇄도하는 현황이다."

《조광》1936년 6월, 364쪽

기 위한 방법의 하나로 새로운 지식과 정보를 권유하고 판매한다. 광고 4와 광고 5는 각각 실용서와 사전 광고로, 전형적인 기사형 광고(advertorial)에 속한다. 광고 5는 일종의 생활법률사전이라 할 수 있는데, 매매나 양도, 저당, 등기, 호적, 납세나 소송에 관련된 각종 서식을 담은 책으로 소개되어 있다. 광고에 인상적인 문구가 등장한다. "무엇이거나 써놓은 것이라야 유효한 시대가 됐다"라는 전언이 그것이다. 문자 해독층이 확대되면서 기록 행위에 다수의 사람이 접근할 수 있게 됐고, 물건을 팔고 상점을 경영하는 일도 이전보다 규모가 커지고 복잡해졌으므로 주변의 인간관계에 의존할 게 아니라 합리적인 기록 행위가 요구된다는 것이다.

나아가 인간관계의 신뢰나 구문을 대체하게 된 기록 행위도 진화를 거듭한다. 광고 4의 부기(簿記) 책은 새로운 기록 방법을 보여준다. 부기는 금전의 출납, 변동을 계산하고 기록하는 기술로, 오늘날에는 회계에 밀린 기술이지만 1930년대에는 기록의 신기술로 소개됐다. 새 부기 기술에 밀린 옛날 기록법은 치부(致富)를 기입했던 "치부책"이다. 치부책이 더 이상 먹히지 않았던 까닭은 세상이 복잡해지고 "점차 상업 경영이 복잡"해졌기 때문이다. 그래서 등장하는 말이 경영 합리화다. "경영의 합리화를 도모하고 신지식을 가진 상점에서는 모두 부기에 의해 장부를 정리하고 착착 성공에 나가는 것"으로 경영술이 설명된다.

광고 4의 말미에는 여느 실용서 광고에도 빠지지 않을 법한 관용구가 삽입되어 있다. "설혹 소학교 졸업만의 학력이라도 독학으로 완전히 부기의 기입법을 알 수가 있다." 내용이 어렵지 않고 독학으로 성취할 수 있다는 것이다. '3개월이면 영어가 가능해진다'는 영어 학습서 광고처럼 광고가 흔히 내세우게 마련인 과장법은 비슷한데, '독학'을 명기한 부분에 눈이 간다. 혼자 힘으로도 충분히 성취할 수 있고 성공할 수 있다는 것이다. 성공을 위한 신지식과 합리적 기술 습득은 자신의 능력에 달린 문제다. 광고가 판매하는 것은 자력의 성공과 성취다.

미래의 성공을 약속하고 판매하는 광고는 많았다. 실업(實業)을 경영하는 일도 자기 재능과 기술을 계발하는 일과 다르지 않다. "오늘날 우리 사회가 무엇 무엇이니 해도 실업이 아니면 살아갈 길 망연" 하다고 하면서 "고상하고 유리한 사업"을 선전하는 광고나, "소자본으로 간이(簡易)한 공업"을 권유하는 광고 역시 성공을 약속하는 것들이었다. 특정 기술을 판매하거나 사업가의 비전을 권유하는 광고는 모두 자신을 효율적으로 '경영'해 경쟁력 있는 자본으로 만들어 나갈 수 있다는 자유주의의 자기 경영 원리를 보여준다.

광고 6은 점포 개업 광고로 근대의 도전적 인간형을 보여준다. 신발 가게 개업 광고에는 "결심한 신사업"이라는 인상적 표제어가 붙어 있다. "다년간 양화(洋靴), 경제화(經濟靴) 직공"으로 일하다가 양화점을 인수하게 된 과정을 밝히는 광고주는 "영구히 직공으로만 종사하오면 장래의 완전한 생활을 유지하기 어려울(難)까 염려하는 동시에 자유 영업을 개시코자 하여" 상점을 개업했단다. 계속 직공으로만 있으면 장래를 보장받기 어려우리라는 예상이 개업의 연유다. 직원에서 경영자로 도약해 신문광고까지 내는 광고주가 된 까닭은 "장래의 완전한 생활의

광고6. 신발점 개업
광고에 붙은 표제,
"결심한 신사업"이
인상적이다.
일광양화점
《조선일보》1921년
4월 5일 자

유지"를 위해, 즉 좀 더 나은 미래를 도모하기 위해서다. 현실에 안주하지 않고 도전하고 모험하는 인간상은 긍정적으로 전유된 진보적 근대인의 모습이다.

더 나은 미래를 꿈꾸지 않는 사람은 없다. 광고 문구를 하나 더 인용해본다. "군이 하고자 할진대 사업도 제군의 손에 있고, 성공도 제군의 손에 있는 것이올시다." 이는 1910년대 어느 대리점 광고에 나오는 문안이다. '뜻이 있는 곳에 길이 있다', '누구나 성공할 수 있다'는 능력주의와 민주주의, 개인주의의 가치를 광고는 제시한다. 생각해보면 '하면 된다', '미래는 성공의 어머니다'라는 경구는 근대화 시기 내내 우리의 몸과 감각에 익숙해진 수사다.

231

'뜻은 이루어진다', '하면 된다'는 말은 소망스럽다. 희망을 그리기 때문이다. 희망을 꿈꾸므로 충분히 소망스러우면서도 한편 입맛이 켕기는 까닭은 성취와 성공 그리고 이와 짝패를 이루는 실패와 좌절이 오롯이 개인의 몫으로 남겨지기 쉽기 때문이다. 오랫동안 개발주의 국가에서 하면 된다는 명제는 사회 발전을 앞당기는 추동력이 됐지만, 성공도 좌절도 순전히 개인의 몫으로 넘겨졌다. 성공도 개인의 능력에 달렸고, 실패해도 순전히 개인의 능력 탓이다. 개인주의와 자유주의의 신화 속에서 사회구조적인 제도는 쉽게 감추어지므로 계급을 비롯해 젠더와 민족, 인종, 지리의 불평등은 은폐되기 쉽다.

계급과 젠더, 민족이나 인종의 위계에 따라 가난한 사람이나 여성, 유색 인종을 식민화해 온 자본주의의 제도화 과정을 무시한 채 개인주의, 능력주의에 따른 성공과 실패만을 문제 삼는 것은 말이 안 된다. 100여 년 전 일본의 식민지였던 조선에서 성공 신화는 소수의 남성에게 신분 상승의 길을 열어주면서 민족적 한계와 계급적 모순을 가림으로써 체제를 수호하는 역할을 했다. 극소수의 사람에게는 성공가도가 열렸지만 민족적 한계는 뚜렷했고 계급적 모순이 배태되고 있었다. 따라서 식민지 조선 사회에 횡행했던 '누구나 양반이 될 수 있다'는 희망의 명제는 절반은 맞고 절반은 틀리다.

오늘날은 어떤가? '누구나 할 수 있고 누구에게나 길이 열려 있나?' 이 질문에 머뭇거리게 되는 것은 갈수록 심화되는 부와 계급의 격차 때문이다. 전세계적으로 부의 편중은 심해지고 있으며, 한국 사회에 등장한 '금수저', '흙수저'와 같은 수저계급론은 부의 대물림을 일러준다. 기울어진 운동장에서 개인의 능력과 노력만 문제 삼을 수는 없다. 많은 사람에게 기회가 열리는 사회, 실패하고 뒤처지더라도 낙오되거나 배제되지 않는 사회, 함께 사는 방법을 고민하는 사회라면 조금 더 살 만한 세상이지 않을까. 잘 먹고 잘 사는 일을 좇는 데 사회구조적인 비판과 변화를 빼놓지 말아야 할 이유다.

## 인사의 말

이 책은 '한국근현대생활사큰사전' 시리즈의 시각 편 중 하나다. 생활사 기획은 거대 서사에서 누락된 주름진 미시사와 일상사를 살피는 기획이다. 이 기획이 소재 위주의 비평을 양산하는 데서 나아가 정치적으로 개입하는 힘 있는 비평을 많이 생산해낼 수 있기를 바란다.

　　개인적으로는 전작《상품의 시대》(2014)에서 한국 소비문화의 기원에 대한 사회문화적 분석을 하면서 광고를 활용한 적이 있는데, 이 책에서는 근대 광고를 주인공으로 했다. 원고는 오래전에 탈고했는데 이제야 빛을 본다. 묵은 원고를 살피자니 반짝거리는 부분도 보이고 아쉬운 부분도 있다. 글쓰기는 미지의 계단 오르기처럼 느껴진다. 한 번 도약하고 나서는 언제 또 계단이 나올지, 혹은 지금 계단을 오르느라 낑낑대는 중인지 모르게 걷고 있다. 전작을 쓴 후에는 글쓰기의 고비를 하나 넘었다. 발전한 부분은 발전한 모습으로, 부족한 부분은 여전히 부족한 대로 지금의 족적으로 독자들께 인사드린다.

글과 삶이 분리되지 않는 인문학적 여정은 여전히 나의 화두다. 좋은 사람이 되고 싶다. 괜찮은 인간이 되고자하는 여정 중에서 내가 택한 일이 글쓰기다. 요즘은 화폐와 자본을 공부하며 좌충우돌하고 있다. 내게 주어진 시간 동안, 괜찮은 글을 쓰고, 괜찮은 인간되기도 놓치지 않고, 이곳 사회와 지구에 기여할 수 있는 만큼의 일을 하려고 한다. 지치지 않고 오만하지 않기 위해서 공부하고 살고 해나갈 것들이 많다. 모든 영혼들에게 인사를 전한다. 주변의 많은 분들께는 크고 작은 빛을 지고 있다. 머리 숙여 인사드린다.

2020년 봄
권창규

주

들어가기 전에: 옛 광고, 매체의 물주이자 자본주의 제도

1   한승인, 〈종로 상가 만평〉,《조광》1935년 12월, 81쪽.

2   이태준, 〈장마〉,《해방전후 외》, 동아출판사, 1995, 106쪽.

3   〈엉터리 광고 이야기〉,《동아일보》1933년 9월 9일 자(한국광고단체연합회,《한국 광고 100년》상, 453쪽 재인용). "기사 반, 광고 절반" 대목은 임경일,《신문》, 야담사, 1938, 95 쪽.

4   《동아일보사사 1: 1920~1945》, 동아일보사, 1975, 409쪽.

5   박용규, 〈일제하 언론의 자본과 경영〉, 김남석 외,《한국 언론 산업의 역사와 구조》, 연 암사, 2000, 65~66쪽 재인용.

6   김경재, 〈조선 신문의 대중적 비판〉,《개벽》1935년 3월, 25~27쪽.

7   박용규, 〈일제하 언론의 자본과 경영〉, 김남석 외,《한국 언론 산업의 역사와 구조》, 연 암사, 2000, 63쪽.

8   신인섭·서범석,《한국 광고사》, 나남, 1998(개정판), 184~188쪽 참고.

9   신인섭·서범석,《한국 광고사》, 나남, 1998(개정판), 100쪽 재인용.

10  황태욱, 〈조선 민간 신문계 총평〉,《개벽》1935년 3월, 16쪽.

II  국사편찬위원회,《광고, 시대를 읽다》, 두산동아, 2007, 97쪽.

I2  김안서,〈여름밤은 아직 어둡다〉1,《동아일보》1927년 8월 5일 자.

I3  Roland Marchand, *Advertising the American Dream*, University of California Press, 1985, p.337, p.342.

## 1    문안: 유행과 시대정신을 이끈 최첨단의 언어

I   內川芳美 編,《日本廣告發達史》, 電通, 1976, p.133.

2   전완길,《한국화장문화사》, 열화당, 1987, 107~110쪽. 김태수,《꽃가치 피어 매혹케 하라》, 황소자리, 2005, 214쪽.

3   피에르 부르디외 저, 최종철 역,《구별 짓기》하, 새물결, 2005, 844~845쪽.

4   이경훈,《오빠의 탄생》, 문학과지성사, 2003, 85쪽.

5   전형준,〈같은 것과 다른 것〉, 최원식·백영서 편,《동아시아인의 '동양' 인식: 19~20세 기》, 문학과지성사, 1997, 286쪽 참고.

6   윤영천,〈동남아시아와 한국 현대시〉,《동남아시아연구》18-1, 2008, 9쪽, 30쪽 참고.

7   Pramoedya, *The Earth of Mankind*, Translated from the Indonesian by Max Lane, Penguin Books, 1996, p.17. 한국어 번역본에는 빠진 부분이라 직접 번역했 다.

8   장 보드리야르 저, 이상률 역,《소비의 사회》, 문예출판사, 1991, 60쪽. 불평등한 사회 질서가 성장을 생산한다는 설명 참조.

9   최진석,〈근대적 시간〉, 이진경 편저,《문화정치학의 영토들》, 그린비, 2007, 185쪽.

IO  스튜어트 유엔 저, 백지숙 역,《이미지는 모든 것을 삼킨다》, 시각과언어, 1996, 189 쪽.

II  〈조선 문학에의 반성〉(《인문평론》1940년 10월), 김기림,《김기림 전집》2, 심설당, 1988, 49쪽. 김기림의 다른 글에 비해서 논조가 거칠고 과격한 편이라는 점을 밝혀둔다.

I2  해당 단락은 최원식·백영서 편,《동아시아인의 '동양' 인식: 19~20세기》, 문학과지성

사, 1997, 16~17쪽(백영서 서문) 참고.

13 에드워드 사이드 저, 박홍규 역, 《문화와 제국주의》, 문예출판사, 2005, 43쪽.

14 Roland Marchand, *Advertising the American Dream*, University of California Press, 1985, p.9.

15 아르준 아파두라이 저, 차원현·채호석·배개화 역, 《고삐 풀린 현대성》, 현실문화연구, 2004, 127·151쪽.

16 아르준 아파두라이 저, 차원현·채호석·배개화 역, 《고삐 풀린 현대성》, 현실문화연구, 2004, 123쪽, 125쪽.

17 內川芳美 編, 《日本廣告發達史》, 電通, 1976, p.68.

18 박윤재, 《한국 근대 의학의 기원》, 혜안, 2005, 70쪽.

19 미셸 푸코 저, 이규현 역, 《성의 역사》 1, 나남, 2004(2판), 46~47쪽.

20 미셸 푸코 저, 이규현 역, 《성의 역사》 1, 나남, 2004(2판), 47쪽.

21 에드워드 사이드 저, 박홍규 역, 《문화와 제국주의》, 문예출판사, 2005, 66쪽.

22 강상중 저, 이경덕·임성모 역, 《오리엔탈리즘을 넘어서》, 이산, 1997, 101~102쪽.

23 鹿野政直, 《健康観にみる近代》, 朝日新聞社, 2001, p.21.

24 국사편찬위원회, 《광고, 시대를 읽다》, 두산동아, 2007, 103쪽.

25 제임스 트위첼 저, 김철호 역, 《욕망, 광고, 소비의 문화사》, 청년사, 2001, 94~95쪽 참고.

26 권창규, 〈근대 한국에서 전개된 '덴쓰'의 정보 제국주의와 광고 제국주의〉, 《대동문화연구》 72, 2010, 250~256쪽 참고.

27 권명아, 《역사적 파시즘》, 책세상, 2005, 394쪽.

28 박완서, 《그 많던 싱아는 누가 다 먹었을까》, 웅진지식하우스, 2005, 121~122쪽.

29 윤해동, 《식민지 근대의 패러독스》, 휴머니스트, 2007, 26쪽.

30 이주여성인권포럼, 《우리 모두 조금 낯선 사람들》, 오월의봄, 2013, 6쪽(들어가는 말).

31 이 절은 필자의 졸저 《상품의 시대》(민음사, 2014)와 〈소비자 교육으로서의 국민생활 만들기〉(《현대문학의연구》 54, 2014, 285~308쪽)를 참고해 썼다.

32 물산운동의 개요는 방기중, 《근대 한국의 민족주의 경제사상》, 연세대학교출판부,

2011, 33~220쪽 참조.

33  《실생활》 1932년 3월, 28쪽.

34  박섭,《식민지의 경제변동: 한국과 인도》, 문학과지성사, 2001, 118쪽.

35  內川芳美 編,《日本廣告發達史》, 電通, 1976, pp.186~187.

36  김인호,《식민지 조선 경제의 종말》, 신서원, 2000, 338쪽 참고.

37  순서대로 1939년 위장약 산와민(相和民) 광고(《한국 광고 100년》 상, 326쪽), 1937년 오
    사카사이와이 광고(《조선일보》 1937년 8월 25일 자).

38  Karl Gerth, *China Made*, Harvard University Asia Center, 2003, pp.194~197.

39  Karl Gerth, *China Made*, Harvard University Asia Center, 2003, p.192.

40  발터 벤야민 저, 조형준 역,《아케이드 프로젝트》, 새물결, 2005, 820쪽.

41  윤해동,《식민지 근대의 패러독스》, 휴머니스트, 2007, 89쪽.

42  상층 계급 여성 소비자인 숙경에게 향하기 쉬운 남성 민족주의적 시각에 대해서는 권
    창규,《상품의 시대》, 민음사, 2014, 356~365쪽 참조.

43  방기중 편,《일제 파시즘기 한국 사회 자료집》 4, 선인, 2005, 해제(방기중), v쪽.

44  이각종 편,《국민정신총동원독본》, 경성신민사, 1938(방기중 편,《일제 파시즘기 한국 사회
    자료집》 6, 선인, 2005, 49쪽).

45  일례로 김예림, 〈전시기 오락정책과 '문화'로서의 우생학〉, 정용화·김영희 외,《일제
    하 서구 문화의 수용과 근대성》, 혜안, 2008, 217~247쪽.

46  우에노 지즈코 저, 이승희 역,《가부장제와 자본주의》, 녹두, 1994, 197쪽.

47  정성진 편, 천경록·이수현 역,《21세기 대공황과 마르크스주의》, 책갈피, 2009, 36쪽.

2  **도안: 모델로 제시된 이상적 근대인들**

1  주디스 윌리암슨 저, 박정순 역,《광고의 기호학》, 커뮤니케이션북스, 2007, 323쪽.

2  볼프강 F. 하우크 저, 김문환 역,《상품미학 비판》, 이론과실천, 1991, 155쪽.

3  장-미셸 아당 외 저, 장인봉 역,《광고 논증》, 고려대학교출판부, 2001, 140쪽.

4 　장 보드리야르 저, 이상률 역,《소비의 사회》, 문예출판사, 1991, 132쪽.

5 　주디스 윌리암슨 저, 박정순 역,《광고의 기호학》, 커뮤니케이션북스, 2007, 225쪽.

6 　박형우·박윤재,《사람을 구하는 집, 제중원》, 사이언스북스, 2010, 171~172쪽.

7 　Roland Marchand, *Advertising the American Dream*, University of California Press, 1985, p.167.

8 　Roland Marchand, *Advertising the American Dream*, University of California Press, 1985, p.69.

9 　장 보드리야르 저, 이상률 역,《소비의 사회》, 문예출판사, 1991, 134쪽.

10 　남녀 이미지 비교는 Roland Marchand, Advertising the American Dream, University of California Press, 1985, p.185 참고.

11 　Roland Marchand, Advertising the *American Dream*, University of California Press, 1985, pp.175~176.

12 　Roland Marchand, Advertising the *American Dream*, University of California Press, 1985, pp.175~176.

13 　장 보드리야르 저, 이상률 역,《소비의 사회》, 문예출판사, 1991, 131~132쪽; 피에르 부르디외 저, 최종철 역,《구별 짓기》상, 새물결, 2005, 350쪽.

14 　전완길,《한국화장문화사》, 열화당, 1987, 58·61쪽.

15 　시세이도 화장품 광고부에서 일했던 작가 미스 유타카(三須裕)가 한 말이다. 무라사와 히로토 저, 송태욱 역,《미인의 탄생》, 너머북스, 2010, 179쪽, 182~183쪽.

16 　정희진,《페미니즘의 도전》, 교양인, 2006, 55쪽 참고.

17 　알랭 드 보통 저, 최민우 역,《생각의 좌표》, 문학동네, 2014, 181쪽.

18 　발터 벤야민 저, 조형준 역,《아케이드 프로젝트》, 새물결, 2005, 158·869쪽.

19 　김성연,《영웅에서 위인으로》, 소명출판, 2013, 41쪽.

20 　주디스 윌리암슨 저, 박정순 역,《광고의 기호학》, 커뮤니케이션북스, 2007, 186쪽, 344쪽.

21 　김연숙,〈일제강점기 대중문화 영웅의 변모 과정 고찰: 최승희를 중심으로〉,《여성문학연구》25, 2011, 239~264쪽.

22  임지현·사카이 나오키,《오만과 편견》, 휴머니스트, 2003, 246쪽.

23  2015년 교토의 도지샤 대학 학술대회(東アジアにおける大衆的圖像の視覺文化論)에서 만난 기시(岸文和,《江戸の遠近法》의 저자) 선생님과 김상엽(《미술품 컬렉터들》의 저자) 선생님의 공통된 의견을 따랐다.

24  우에노 지즈코 저, 이승희 역,《가부장제와 자본주의》, 녹두, 1994, 184쪽.

25  해리 하르투니언 저, 윤영실·서정은 역,《역사의 요동》, 휴머니스트, 2006, 237쪽.

26  《신가정》 1933년 1월, 2쪽. 잡지 창간사에 나오는 말이다.

27  유선영·박용규·이상길 외,《한국의 미디어 사회문화사》, 한국언론재단, 2007, 324쪽 재인용(경성방송국의 조선어방송과장 윤백남의 말).

28  우에노 지즈코 저, 이승희 역,《가부장제와 자본주의》, 녹두, 1994, 124쪽.

29  우에노 지즈코 저, 이승희 역,《가부장제와 자본주의》, 녹두, 1994, 125쪽.

30  조남주,《82년생 김지영》, 민음사, 2016, 30쪽.

31  권현지, 〈'장벽사회'와 노동시장 젠더 불평등〉,《프레시안》 2018년 7월 17일.

32  다케다 하루히토 저, 여인만 역,《탈성장신화》, 해남, 2016 참조.

## 3  광고가 겨냥한 신체와 감각

1  주디스 윌리암슨 저, 박정순 역,《광고의 기호학》, 커뮤니케이션북스, 2007, 88쪽.

2  Roland Marchand, *Advertising the American Dream*, University of California Press, 1985, p.342, p.337.

3  John Sinclair, *Images Incorporated*, Croom Helm, 1987, p.27.

4  Roland Marchand, *Advertising the American Dream*, University of California Press, 1985, p.222.

5  김남천, 〈풍속수감〉(1940), 정호웅·손정수 엮음,《김남천 전집》 II, 박이정, 2000, 189쪽.

6  아르준 아파두라이 저, 차원현·채호석·배개화 역,《고삐 풀린 현대성》, 현실문화연구, 2004, 123쪽.

7 피에르 부르디외 저, 최종철 역, 《구별 짓기》 상, 새물결, 2005, 343쪽.

8 대표적으로 박숙자, 《속물 교양의 탄생》, 푸른역사, 2012; 유석환, 《근대 문학시장의 형성과 신문·잡지의 역할》, 성균관대 박사학위논문, 2013.

9 대표적으로 이영미, 《흥남 부두의 금순이는 어디로 갔을까》, 황금가지, 2002; 장유정, 《오빠는 풍각쟁이야》, 민음in, 2006.

10 진노 유키 저, 문경연 역, 《취미의 탄생》, 소명출판, 2008.

11 피에르 부르디외 저, 최종철 역, 《구별짓기》 하, 새물결, 2005, 837쪽.

12 천정환, 《근대의 책 읽기》, 푸른역사, 2003, 186·191쪽.

13 천정환, 《근대의 책 읽기》, 푸른역사, 2003, 199쪽.

14 이화형 외, 《한국 근대 여성의 일상 문화 1: 연애》, 국학자료원, 2004, 125쪽 재인용.

15 이화형 외, 《한국 근대 여성의 일상 문화 8: 가정 위생》, 국학자료원, 2004, 183쪽 재인용(의학박사 정근양이 1930년대 중반에 한 말이다).

16 미셸 푸코 저, 이규현 역, 《성의 역사》 1, 나남, 2004(2판), 66~71쪽.

17 〈민중 보건 좌담회〉, 《조광》 1938년 8월, 101쪽.

18 성병약 광고 속 여성의 이미지에 대해서는 권창규, 《상품의 시대》, 민음사, 2014, 267·273쪽 참고.

19 소아 양약 기응환(奇應丸) 광고, 《조선일보》 1938년 9월 15일 자.

20 안태윤, 《식민정치와 모성》, 한국학술정보, 2006, 192쪽.

21 인구 증강 정책은 일본(내지)에 한정됐다고 보는 우에노 지즈코의 관점도 참조. 안태윤, 《식민정치와 모성》, 한국학술정보, 2006, 126~137쪽 참조.

22 유종호, 《나의 해방전후》, 민음사, 2004. 박완서의 자전적 소설 《그 많던 싱아는 누가 다 먹었을까》, 웅진지식하우스, 2005에도 일제강점기 말의 동원 상황이 나온다.

23 게오르크 짐멜 저, 김덕영 역, 《돈의 철학》, 길, 2013, 510쪽.

24 천정환, 《근대의 책 읽기》, 푸른역사, 2003, 184쪽.

25 천정환, 《근대의 책 읽기》, 푸른역사, 2003, 190쪽.

26 이매뉴얼 월러스틴 저, 나종일·백영경 역, 《역사적 자본주의/자본주의 문명》, 창작과 비평사, 2010, 88~89쪽.

# 참고문헌

**1차 자료**

---

• 신문

《경성일보》《독립신문》《동아일보》《매일신보》《조선중앙일보》《조선일보》《황성신문》

• 잡지

《개벽》《별건곤》《삼천리》《신가정》《신동아》《신여성》《실생활》《여성》《조광》《조선물산
장려회보》

• 광고 자료집(한국)

신인섭·서범석,《한국 광고사》, 나남, 1998(개정판)

한국광고단체연합회,《한국 광고 100년》상, 사단법인 한국광고단체연합회, 1996(비매품)

• 광고 자료집(일본)

大伏 肇,《資料が語る 近代日本広告史》, 東京堂出版, 1990

町田 忍,《戦時広告図鑑－慰問袋の中身はナニ?》, WAVE出版, 1997

• 광고 자료집(중국)

林升栋,《中国近现代经典广告创意评析-『申报』七十七年》,南京东南大学出版社, 2005


• 신문·잡지 기사 자료집

《동아일보사사 1: 1920~1945》, 동아일보사, 1975

이화형·허동현·유진월·맹문재·윤선자·이정희,《한국 근대 여성의 일상 문화》1~8, 국학자
　　　료원, 2004

방기중 편,《일제 파시즘기 한국 사회 자료집》4, 선인, 2005

방기중 편,《일제 파시즘기 한국 사회 자료집》6, 선인, 2005

임경일,《신문》, 야담사, 1938


• 조선총독부, 일본전보통신사가 발간한 자료집 외

이각종 편,《국민정신총동원독본》, 경성신민사, 1938

조선총독부,《조선총독부 통계연보(1908~1942)》, 오성사, 1982~1987

日本電報通信社,《新聞總攬(1910~1942)》, 大空社, 1991~1995


• 일제강점기를 다룬 문학 자료

《원본 신문연재소설전집: 1930年代~1940年代》, 깊은샘, 1987

김기림,《김기림 전집》1, 심설당, 1988

김기림,《김기림 전집》2, 심설당, 1988

김기림,《김기림 전집》5, 심설당, 1988

김남천, 정호웅·손정수 엮음,《김남천 전집》II, 박이정, 2000

김유정, 전신재 엮음,《김유정 전집》, 강, 2007(개정판)

나혜석, 서정자 엮음,《원본 나혜석 전집》, 푸른사상, 2013

박완서,《그 많던 싱아는 누가 다 먹었을까》, 웅진지식하우스, 2005

박태원,《여인성장》, 깊은샘, 1989

유종호,《나의 해방전후》, 민음사, 2004

이태준,《해방 전후 외》, 동아출판사, 1995
채만식, 방민호 엮음,《채만식 중·단편 대표 소설 선집》, 다빈치, 2000

• 사전 자료
이경훈,《한국 근대 문학 풍속사 사전: 1905~1919》, 태학사, 2006
황호덕·이상현 엮음,《한국어의 근대와 이중어사전 1~11》, 박문사, 2012

• 온라인 자료
e-나라지표(www.index.go.kr)
국가통계포털(www.kosis.kr)
국립중앙도서관(www.nl.go.kr)
네이버 뉴스라이브러리(newslibrary.naver.com)
서울역사박물관(museum.seoul.go.kr)
서울역사아카이브(museum.seoul.go.kr)
한국광고박물관(www.kobaco.co.kr)
한국사데이터베이스(www.db.history.go.kr)
한국언론진흥재단(www.kinds.or.kr)
한국역사정보통합시스템(www.koreanhistory.or.kr)


## 2차 자료

• 단행본
국사편찬위원회,《광고, 시대를 읽다》, 두산동아, 2007
권명아,《역사적 파시즘》, 책세상, 2005
권창규,《상품의 시대》, 민음사, 2014
김남석 외,《한국 언론 산업의 역사와 구조》, 연암사, 2000

김성연,《영웅에서 위인으로》, 소명출판, 2013

김인호,《식민지 조선 경제의 종말》, 신서원, 2000

김태수,《꽃가치 피어 매혹케 하라》, 황소자리, 2005

박섭,《식민지의 경제변동: 한국과 인도》, 문학과지성사, 2001

박숙자,《속물 교양의 탄생》, 푸른역사, 2012

박윤재,《한국 근대 의학의 기원》, 혜안, 2005

박형우·박윤재,《사람을 구하는 집, 제중원》, 사이언스북스, 2010

방기중,《근대 한국의 민족주의 경제사상》, 연세대학교출판부, 2011

안태윤,《식민정치와 모성》, 한국학술정보, 2006

유선영·박용규·이상길 외,《한국의 미디어 사회문화사》, 한국언론재단, 2007

윤해동,《식민지 근대의 패러독스》, 휴머니스트, 2007

이경훈,《오빠의 탄생》, 문학과지성사, 2003

이영미,《흥남 부두의 금순이는 어디로 갔을까》, 황금가지, 2002

이주여성인권포럼,《우리 모두 조금 낯선 사람들》, 오월의봄, 2013

임지현·사카이 나오키,《오만과 편견》, 휴머니스트, 2003

장유정,《오빠는 풍각쟁이야》, 민음in, 2006

전완길,《한국화장문화사》, 열화당, 1987

정성진 편, 천경록·이수현 역,《21세기 대공황과 마르크스주의》, 책갈피, 2009

정희진,《페미니즘의 도전》, 교양인, 2006

조남주,《82년생 김지영》, 민음사, 2016

천정환,《근대의 책 읽기》, 푸른역사, 2003


• 단행본(번역서)

강상중 저, 이경덕·임성모 역,《오리엔탈리즘을 넘어서》, 이산, 1997

게오르크 짐멜 저, 김덕영 역,《돈의 철학》, 길, 2013

다케다 하루히토 저, 여인만 역,《탈성장신화》, 해남, 2016

무라사와 히로토 저, 송태욱 역,《미인의 탄생》, 너머북스, 2010

미셸 푸코 저, 이규현 역,《성의 역사》1, 나남, 2004(2판)

발터 벤야민 저, 조형준 역,《아케이드 프로젝트》, 새물결, 2005

볼프강 F. 하우크 저, 김문환 역,《상품미학 비판》, 이론과실천, 1991

스튜어트 유엔 저, 백지숙 역,《이미지는 모든 것을 삼킨다》, 시각과언어, 1996

아르준 아파두라이 저, 차원현·채호석·배개화 역,《고삐 풀린 현대성》, 현실문화연구, 2004

알랭 드 보통 저, 최민우 역,《생각의 좌표》, 문학동네, 2014

에드워드 사이드 저, 박홍규 역,《문화와 제국주의》, 문예출판사, 2005

우에노 지즈코 저, 이승희 역,《가부장제와 자본주의》, 녹두, 1994

이매뉴얼 월러스틴 저, 나종일·백영경 역,《역사적 자본주의/자본주의 문명》, 창작과비평사,
    2010

장 보드리야르 저, 이상률 역,《소비의 사회》, 문예출판사, 1991

장-미셸 아당 외 저, 장인봉 역,《광고 논증》, 고려대학교출판부, 2001

제임스 트위첼 저, 김철호 역,《욕망, 광고, 소비의 문화사》, 청년사, 2001

주디스 윌리암슨 저, 박정순 역,《광고의 기호학》, 커뮤니케이션북스, 2007

진노 유키 저, 문경연 역,《취미의 탄생》, 소명출판, 2008

피에르 부르디외 저, 최종철 역,《구별 짓기》상, 새물결, 2005

피에르 부르디외 저, 최종철 역,《구별 짓기》하, 새물결, 2005

해리 하르투니언 저, 윤영실·서정은 역,《역사의 요동》, 휴머니스트, 2006


• 단행본(외서)

John Sinclair, *Images Incorporated*, Croom Helm, 1987

Karl Gerth, *China Made*, Harvard University Asia Center, 2003

Pramoedya, *The Earth of Mankind*, Translated from the Indonesian by Max Lane,
    Penguin Books, 1996

Roland Marchand, *Advertising the American Dream*, University of California Press,
    1985

內川芳美 編,《日本廣告發達史》, 電通, 1976

鹿野政直,《健康観にみる近代》, 朝日新聞社, 2001


• 논문 외

권창규, 〈근대 한국에서 전개된 '댄쓰'의 정보 제국주의와 광고 제국주의〉,《대동문화연구》
　　　72, 2010

권창규, 〈소비자 교육으로서의 국민생활만들기〉,《현대문학의연구》 54, 2014

권현지, 〈'장벽사회'와 노동시장 젠더 불평등〉,《프레시안》 2018년 7월 17일

김연숙, 〈일제강점기 대중문화 영웅의 변모 과정 고찰: 최승희를 중심으로〉,《여성문학연구》
　　　25, 2011

김예림, 〈전시기 오락정책과 '문화'로서의 우생학〉, 정용화·김영희 외,《일제하 서구 문화의
　　　수용과 근대성》, 혜안, 2008

유석환,《근대 문학시장의 형성과 신문·잡지의 역할》, 성균관대 박사학위논문, 2013

윤영천, 〈동남아시아와 한국 현대시〉,《동남아시아연구》 18-1, 2008

전형준, 〈같은 것과 다른 것〉, 최원식·백영서 편,《동아시아인의 '동양' 인식: 19~20세기》, 문
　　　학과지성사, 1997

최진석, 〈근대적 시간〉, 이진경 편저,《문화정치학의 영토들,》그린비, 2007